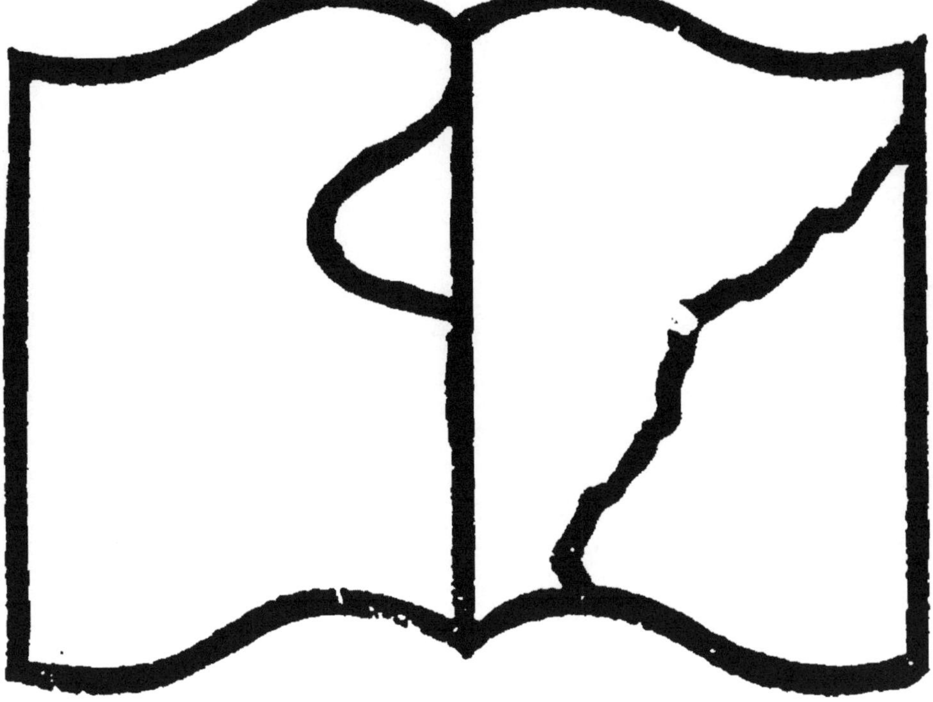

DE LA PAIX

DU DÉSARMEMENT

ET DE LA

SOLUTION DU PROBLÈME SOCIAL

(AVEC ANECDOTES)

PAR

H. Verdier-Winteler de Weindeck

Membre de l'Alliance de la Paix

PARIS

—

LIBRAIRIE FISCHBACHER

(SOCIÉTÉ ANONYME)

33, Rue de Seine, 33

—

DE LA PAIX

DU DÉSARMEMENT

ET DE LA

SOLUTION DU PROBLÈME SOCIAL

(AVEC ANECDOTES)

DE LA PAIX

DU DÉSARMEMENT

ET DE LA

SOLUTION DU PROBLÈME SOCIAL

(AVEC ANECDOTES)

PAR

H. Verdier-Winteler de Weindeck

Membre de l'Alliance de la Paix

PARIS

—

LIBRAIRIE FISCHBACHER

(SOCIÉTÉ ANONYME)

33, Rue de Seine, 33

Tous droits réservés

AVANT-PROPOS

Le but de cet ouvrage étant d'engendrer la Paix et de démontrer comment on pourait mettre fin aux luttes armées, nous parlerons d'abord et cela en détail, du grand obstacle qui barre la voie à ce projet humanitaire, c'est-à-dire, du Problème Social, pierre d'achoppement de la pacilogie.

Nous essayerons donc d'établir comment on pourrait, sans troubles et sans le moindre désavantage pour les chefs d'Etat de tout pays, arriver à la solution de ce problème en supprimant la misère par de strictes réformes administratives et d'importantes modifications sociales.

Il est évident qu'une conciliation avec les socialistes, eux-mêmes réfractaires à la guerre et aux armements permanents est urgente et aurait pour résultat, non seulement la pacification de la société, si nécessaire, mais l'union du parti anti-guerrier qui deviendrait très puissant, car l'union fait la force. Alors, personne ne pourrait dire comme aujourd'hui que les troupes colossales sont indispensables pour nous défendre contre ce qu'on a surnommé la Révolution Violente, si elle éclate, car cette révolution n'aurait pas lieu.

C'est incontestable que le Désarmement et la Paix intéressent tous ceux qui ont à cœur le bien de l'humanité et la civilisation ; et n'oublions pas qu'il existe, sinon un lien étroit, du moins un rapport entre ces deux importantes questions et le Problème Social, car le socialiste propage la paix, lui aussi ; mais, hélas, en directe opposition à ses théories d'union et de fraternité, il veut y arriver par une lutte sanglante qui aboutirait à un cataclysme !

Quant à nous autres, partisans de la Paix sans troubles, nous voyons, dans l'hypothèse de la Révolution Violente et du triomphe du socialisme une barrière infranchissable à nos projets pacifiques. Et cette terrible guerre des classes par son caractère, non seulement sanglant et exterminateur, mais international est plus à redouter qu'aucune autre guerre en prévision.

Donc, faire avorter ce sinistre événement en conciliant les deux partis ennemis par la réorganisation du système de l'Ordre Social si défectueux et fermer à tout jamais les portes du Temple de Janus, réléguant les guerres uniquement à un triste et lugubre souvenir, serait avancer dans la voie du progrès et de la civilisation.

S'étant vouée à l'œuvre de la Paix, et à l'étude de la solution du problème social, l'auteur de cette brochure lutte depuis longtemps pour tâcher de découvrir des réformes économiques, qui tout en satisfaisant aux besoins du peuple ne violeraient pas la justice en expulsant le propriétaire et en attaquant le capital(1). Et si lancée au milieu de la foule cette faible esquisse, qui est un écho de son âme, arrive à faire impression sur les partisans de la guerre, et sur les riches Sybarites et les pauvres travailleurs, les portant à bien ré-

---

(1) L'auteur a une lettre fort aimable d'une des souveraines les plus instruites et les plus vertueuses de l'Europe, dans laquelle S. M. lui dit, qu'elle fait les vœux les plus ardents pour qu'elle puisse réussir dans ses démarches pour contribuer à la solution de ce problème. Et cette œuvre a été approuvée par trois hommes savants en sociologie dont Monsignor Cordeiro.

fléchir sur la situation présente et future, elle aura, sinon atteint son but, du moins indiqué une route qui conduit à la sortie de ce labyrinthe, où égarés ils se disputent sans pouvoir trouver le fil d'Ariane.

La réflexion produit un résultat salutaire chez les hommes intelligents et honorables et il y en a dans toutes les classes du corps social. Elle exerce son empire jusque sur les méchants et les porte parfois au repentir. Que les capitalistes donc et les travailleurs, ces ennemis implacables, dont la lutte acharnée trouble la paix internationale, veuillent bien parcourir cet ouvrage avec attention et impartialité et éliminant tout principe individuel, daignent s'intéresser au bien-être des masses et à la paix générale.

Mais, objectera-t-on, il y a de nombreux ouvrages qui traitent du collectivisme et du régime actuel et cependant le socialisme révolutionnaire monte de jour en jour.

C'est vrai, mais ces ouvrages, pour la plupart scientifiques et d'un beau style, n'ont jamais été lus par le peuple et il est à croire qu'ils ne l'intéresseraient pas, car, selon l'opinion d'un économiste célèbre, ils ne contiennent aucun remède contre ses maux et ajoutons-y, aucun remède non plus contre l'amour féroce des batailles.

Or, celui-ci au contraire est écrit pour toutes les classes de la société et vise, non seulement à la manière d'arriver à la Paix, mais au moyen de porter remède aux griefs du travailleur, et il contient des anecdotes pour l'amuser.

PREMIÈRE PARTIE

CHAPITRE PREMIER

De la ·nécessité de procurer le bien-être aux classes laborieuses et d'assurer la tranquillité publique.

La conspiration ourdie par les socialistes contre la société a pour but le renversement total du système de l'Ordre Social actuel et l'extermination des chefs d'Etat, du clergé et des capitalistes. Ces révoltés propagent la grève générale partout, donc, la guerre internationale des classes ; et la plupart de leurs doctrines tendent au désordre, à l'abolition de la propriété et à sa destruction.

Des crimes terribles ont déjà été commis en divers pays et la police n'y peut rien, car la prison et la mort même sont impuissantes ; et à moins d'un grand changement dans le régime actuel, la révolution sociale aboutira au massacre et à la ruine de tous. Etouffée aujourd'hui elle éclatera demain comme les flammes d'un incendie qu'on n'a pas réussi à maîtriser.

Or, si les capitalistes, se dépouillant de cet optimisme qui les a aveuglés jusqu'à présent sur la triste situation de ce commencement de siècle, voulaient bien se rappeler quelques épisodes de l'histoire de France, peu avant le règne de la Terreur, ils puiseraient de la clairvoyance à cette source amère et verraient que nous sommes, comme on l'était à cette époque, sur un volcan qui ne tardera pas à faire éruption.

Alors, peut-être, par leur influence, ceux qui sont au pouvoir prêteraient-ils l'oreille à la voix de la tempête et se revêtissant de cet esprit de réforme si nécessaire aujourd'hui, se décideraient-ils à faire des modifications sociologiques qui participeraient du système existant et du socialisme, renfermant, l'un et l'autre de bons et de mauvais dogmes politiques et sociaux.

« Piano, piano se va lontano », disent les Italiens, et avec de sages mesures, quelques nouvelles lois, justes et humanitaires et des concessions de part et d'autre on arriverait à faire face à toutes les difficultés et sous peu la paix serait universellement établie.

On aurait dû, il y a bien des années s'occuper sérieusement de cette question si compliquée et en sonder les abîmes. Cela aurait évité bien des malheurs, car cette négligence a eu partout de funestes résultats, et à l'heure actuelle ce problème est devenu la préoccupation absorbante de tout politicien sérieux.

Supprimer la misère, aider les travailleurs et leur procurer le bien-être dans tout pays est d'une nécessité absolue. Il n'y a pas de besoin plus urgent ni de devoir plus sacré, et si tous ceux qui se vantent de vrai patriotisme s'étaient appliqués à l'étude de ce problème, ils l'auraient sans doute déjà résolu et une conciliation entre les deux partis en aurait été l'heureux résultat. Prévenir le mal vaut mieux que de tenter d'y remédier quand il a pris racine et il y a des maux, qui, avec le temps deviennent irrémédiables.

Mais hâtons-nous de faire quelques observations sur les diverses formes de gouvernements, sur la religion, la guerre, « the struggle for life » (la lutte pour la vie), et la société en général avant de faire mention de la série de réformes qui pourrait annihiler le paupérisme; coordonner en un seul le système actuel et le socialisme, si opposés l'un à l'autre dans quelques-unes de leurs doctrines; unir les deux partis ennemis de façon à se compléter mutuellement; et frayer ainsi la voie à la Paix.

CHAPITRE II

DES DIVERS RÉGIMES, DE LA RELIGION ET DE LA SOCIÉTÉ EN GÉNÉRAL

L'histoire, tant ancienne que moderne, nous apprend qu'il y a eu des époques heureuses et malheureuses sous tous les régimes. Les républiques, les monarchies, les empires ont tous essuyé des crises aiguës — des conspirations, des révoltes, des guerres, et cela de tout temps.

De là il résulte que la prospérité d'un état ne dépend pas de la forme de son gouvernement, mais de la probité et de la sagesse de ce gouvernement, de la justice et de l'équité des lois, et de l'esprit de religion répandu parmi toutes les classes de la société ; ce qui entretient l'amour de la famille et des bonnes mœurs, sans lesquels un peuple redevient barbare.

Feu M. Jules Simon a dit, au Parlement français, qu'il y a trois auxiliaires dont la morale ne peut se passer : « le maître, le prêtre et la mère : que la neutralité du maître est la négation de la morale ; que l'impuissance du prêtre est l'expulsion de la religion; et que la mère est la famille et la famille est la morale. »

Voilà un thèse parfaitement saine, parfaitement logique, car il est incontestable que dépourvue de ces trois auxiliaires la société n'a pas de frein, et comme un cheval emporté qui ne voit pas le précipice à ses pieds, elle court aveuglément vers l'abîme.

Nous traversons une époque tourmentée par de tristes et âpres passions arrivées à leur paroxysme. L'esprit de révolte règne partout. Le scepticisme en s'introduisant parmi les masses a égaré beaucoup de monde que l'autorité de la foi aurait ramené au calme, à la raison, à la paix.

Enlevez au peuple sa croyance en Dieu et vous lui enlevez sa tranquillité d'esprit et sa consolation dans le malheur. L'athéisme une fois inoculé, l'homme ne veut plus, ni se soumettre aux lois, ni vivre sous la domination d'un chef quelconque. Son respect pour les mœurs s'en ressent, son amour pour la patrie et pour la famille s'affaiblit peu à peu, puis disparaît complètement et fait place à la rage de la rébellion, dont il devient bientôt l'esclave.

La génération nouvelle, parmi le peuple, avec sa sève ardente, son exaltation et sa haine du riche, lutte et veut écraser les capitalistes. D'autre part l'ultra-conservatisme avec ses principes exagérés, son égoïsme, son ambition mondaine, son opposition au progrès et à la liberté des masses ne peut rien contre cet esprit de révolte et dans quelques pays même, est devenu une ombre.

Et comment s'en étonner lorsqu'on considère que ses partisans ne sont pas, comme les masses du peuple, revêtus de ce caractère de nécessité, de ce besoin urgent d'améliorer leur sort qui, s'il ne justifie pas des erreurs et des crimes, du moins en atténue la gravité aux yeux des gens de cœur.

Or, ce ne sont pas de vaines promesses, des paroles banales, aussitôt emportées par le vent, qui sauveront la société du péril imminent dont elle est menacée, mais de sages mesures qu'il faudrait adopter partout afin d'arriver à une union basée sur cette nécessité urgente du peuple et le droit de l'homme, et sur la religion, qui prescrit la clémence et l'amour du prochain.

S'entr'aider, voilà le mot de l'énigme. Les travailleurs aident les capitalistes qui ne pourraient prospérer sans le secours de leurs bras. Que les capitalistes fassent de même, qu'ils leurs procurent le bien-être, au lieu de leur jeter des miettes, bonnes pour les oiseaux. Et de plus, que les travailleurs soient libres d'impôts. Alors l'oppression cessera et avec elle l'antagonisme des classes, et les nations civilisées ne s'achemineront plus, comme aujourd'hui, vers le néant.

Ce sont ceux placés au haut de l'échelle sociale qui donnent le bon ou le mauvais exemple. Ils sont par conséquent responsables des mauvaises mœurs, comme aussi de la misère et de l'esprit de rébellion parmi les masses. Le trop grand luxe, les vices et la cupidité des grands sont toujours la cause de la décadence d'un peuple ; la chute des empires d'Occident et d'Orient nous en fournit un exemple frappant.

Si tous les souverains avaient été comme Louis IX et Louis XII rois de France les pères de leurs peuples, il n'y aurait pas eu tant de regrettables bouleversements politiques, et on n'aurait eu, ni à déplorer la cruauté d'un Louis XI et d'un Henri VIII d'Angleterre, ni à s'attendrir jusqu'aux larmes sur la mort affreuse d'un Ugolin, d'une Jeanne d'Arc, d'une Marie Stuart et de tant d'autres victimes du despotisme et de la tyrannie. On n'aurait pas eu non plus à frémir d'horreur sur l'exécution des Templiers, sur le massacre de la St-Barthélémy et sur les tortures atroces de l'Inquisition.

La grande révolution française qui fit tomber la tête de Louis XVI, de Marie-Antoinette et de tant d'autres martyrs n'aurait pas eu lieu, car ce furent les vices et l'immoralité des cours corrompues de Louis XIV et de Louis XV et les doctrines de Voltaire et de Jean-Jacques Rousseau qui frayèrent la vóie à cette terrible guerre d'extermination.

Ce fut cependant sous le règne d'un de ces monarques, surnommé à tort le roi soleil, que le célèbre Colbert parvint à mettre ordre aux finances de l'Etat en procédant à une enquête financière qui fit découvrir l'accaparement d'énormes capitaux par Fouquet et d'autres concussionnaires, et fit entrer 10 milliards dans les coffres du trésor, sauvant ainsi son pays près d'être ruiné.

Or, à part quelques cruautés, ce sont des

gouvernants probes et pleins d'énergie comme ce sage administrateur et économiste qu'il faudrait placer aujourd'hui à la tête des affaires financières de bien des pays, car l'amour de l'or et l'accumulation usurière des richesses augmentent de jour en jour et sont cause de haines, de révoltes et de crimes.

Qu'on s'efforce donc de trouver de tels hommes pour empêcher ces accaparements, et suivant ainsi de près la sage maxime « Qui non laborat non manducet » procéder à l'équilibre des fortunes, afin de faire rentrer le peuple dans ses droits et de mettre terme à la cruelle omnipotence du grand, et à la terrible vengeance du petit.

Tout état a besoin d'un chef et que ce chef soit roi, empereur ou président cela importe peu, pourvu que la tranquillité publique et le bonheur des masses soient assurés. Mais, pour atteindre ce but si désirable, il faudrait faire des réformes fiscales, du moins réviser quelques lois afin que les travailleurs, les pauvres et les miséreux ne soient pas contraints de contribuer aux dépenses publiques.

Que les mendiants soient secourus par les souverains et l'Etat, cela se comprend, mais que l'Etat pour remplir les coffres du Trésor ait recours à l'obole du mendiant par la voie de l'impôt indirect est d'une noire injustice. Et ce grand mal ne peut être attribué aux monarques, car ils ne font pas les lois, et on n'a donc pas raison de les blâmer et de se révolter contre eux. D'ailleurs, il est à croire qu'ils ne s'opposeraient nullement à un système par lequel les impositions n'atteindraient que les riches et les classes aisées.

Cependant la monarchie, comme le disent W. Wagner et Stein ne peut avoir un avenir assuré que si elle se montre, tant en théorie qu'en pratique, l'égide du droit des faibles et la protectrice des malheureux. Ce fut aussi l'opinion de M. de Bismarck, nous dit M. de Lavelaye. Et tous les riches, ces puissants de la terre, s'ils n'embrassent pas la cause du peuple, cette cause si juste, tomberont un jour du haut de leur piédestal.

D'un côté, un luxe effréné ; de l'autre d'écrasants impôts et une misère noire. Ce funeste contraste est toujours fatal ; il a toujours excité le peuple à la révolte, et malheureusement c'est le cas aujourd'hui dans presque tous les pays du monde.

En général les riches sont insouciants et peu sensibles aux souffrances des masses. Il ne leur vient pas à l'esprit de guérir cette plaie — la misère — qui saigne toujours et crie vengeance au ciel, comme vient de le dire courageusement un ecclésiastique, du haut de la chaire. Ce prédicateur, comme Bossuet, a parlé ouvertement sur la méchanceté des opulents, sur ce peu d'amour du prochain, sur cette funeste indifférence du malheur d'autrui qui, si cela continue, fera crouler l'Edifice Social. Quel bien immense feraient de tels sermons prêchés et souvent et partout !

Le rêve doré du peuple a toujours été la liberté et avec la liberté le bien-être. De là cette mode des républiques qui commence à se répandre. Liberté, Egalité, Fraternité ! Ces mots séduisants, enchanteurs que d'aucuns taxent de pur socialisme, semblent en effet promettre au déshérité un paradis sur terre, et bien des malheureux les ont interprétés dans ce sens, c'est-à-dire, au pied de la lettre.

Aujourd'hui pourtant, il y en a qui ont les yeux dessillés et voient que sous une république, comme sous tout autre régime, non seulement ils ne peuvent être l'égal du riche et s'asseoir à sa table, mais, qu'il ne leur est même pas permis de demander une aumône au nom de cette Liberté, de cette Egalité et de cette Fraternité qui ont fait répandre des flots de sang, sans apporter le soulagement attendu : — la suppression de la misère.

Alors ceux qui vivaient sous cette illusion dérisoire de s'écrier : « Ces mots pompeux ne sont qu'un sophisme ! » — Non ; pas un sophisme, mais une simple formule, le mot Egalité n'ayant rapport qu'à l'égalité devant la loi, car la même distance existe entre le pauvre et le riche, sous cette forme de gouvernement que sous un empire ou sous une monarchie ; et il n'en saurait être autrement.

Mais, si cette égalité ne peut exister sous aucun régime, ce qui pourrait et devrait exister, c'est le bien-être des travailleurs jeunes et vieux. Et cela leur serait sûrement d'un plus grand avantage que ne le sont certains privilèges dont il jouissent à l'heure actuelle en divers pays ; car le bonheur du peuple ne dépend pas uniquement d'une grande liberté, mais d'un bien-être que cette grande liberté ne saurait lui garantir, surtout défectueuse comme elle l'est.

Or, depuis longtemps on se demande partout:
— Comment obtenir ce trésor qui calmerait les esprits et assurerait la tranquillité publique ? Qui prononcera le : — « Sésame, ouvre-toi » de cette énigme, de ce casse-tête de tous les chefs d'Etats et de tous les politiciens du monde entier?

Le professeur Todde a dit, avec raison, que la plupart des maux qui existent dans le corps social proviennent de l'absence de quelque liberté nécessaire. Qu'on se montre donc plus généreux envers le peuple en lui octroyant la plus nécessaire de toute — l'aisance, donc, la suppression de la misère par de strictes réformes dans le régime social. Qu'on accomplisse ce devoir et alors on aura détruit la pierre angulaire de cette néfaste révolution internationale. Ayons toujours présent à l'esprit qu'il n'y a ni vraie liberté ni bonheur possible sans moyens d'existence.

CHAPITRE III

De la guerre, du désarmement et de l'arbitrage.

Il est reconnu par l'univers entier que de tous les fléaux la guerre est le plus terrible car elle donne la mort, épuise le Trésor et engendre la faim. Et aujourd'hui avec les nouvelles et funestes inventions pour s'entretuer elle est encore plus désastreuse que par le passé — c'est le carnage, c'est la ruine pour les vainqueurs mêmes.

De plus, contre toute justice, jamais deux armées ennemies n'ont des forces égales, en sorte que le parti le plus fort est presque toujours vainqueur, et c'est lui souvent qui a tort. Les guerres Hispano-Américaine et Turco-Hellénique ont corroboré ce fait, nous donnant encore une preuve de l'iniquité du principe : « La force prime le Droit. »

Et ce n'est pas seulement la guerre, mais la

paix armée qui est une calamité, car les principaux gourvernements de l'Europe dépensent des
sommes ruineuses pour entretenir de puissantes
forces militaires, et le désarmement, qui tout en
excitant la rage des chauvins remplirait d'allé-
gresse les âmes libérales et humanitaires a hélas, pour le moment peu de partisans dans le
monde politique ; et le congrès de la Haye
même, dont le tzar Nicolas II a été le noble
initiateur ne semble pas les avoir augmentés de
beaucoup.

Quant au peuple, cela va sans dire, que son
mécontentement s'accroît à la vue de ces troupes colossales dont les frais engloutissent l'argent du Trésor et sont la cause de nouveaux impôts. Qu'on admire le patriotisme, le courage,
la soumission, le dévouement du pauvre soldat,
qui se sacrifie pour son pays, cela semble tout
naturel.

Mais que dire de ces batailles sanglantes où
périssent des milliers d'hommes, ces batailles où
soldats et officiers sont mutilés et deviennent
souvent dans la fleur de l'âge, de pauvres invalides ? Comment ne pas maudire ces combats
qui portent le deuil et la détresse au sein des familles et, ruinant le commerce, plongent dans la

misère le malheureux peuple ? Est-ce de la civilisation que cette haine de l'étranger ?

D'aucuns disent que l'armée partout ne devrait pas dépasser les limites du strict nécessaire, qu'elle devrait être réduite au minimum pour le bien commun ; d'autres sont d'avis qu'elle ne devrait pas exister, afin qu'il n'y ait pas des milliers de vies et des milliards de francs sacrifiés ; d'autres encore sont en faveur de la paix armée et voudraient même la guerre. Cependant il n'y a rien de plus barbare, de plus en désaccord avec les progrès de ce siècle que ces luttes continuelles, ces guerres à extermination entre des peuples qui se piquent d'être très civilisés.

Dire, qu'après la défaite, ou après la victoire les morts et les blessés sur le champ de bataille ne comptent pour rien, les malheureux soldats n'étant que des instruments de destruction auxquels on ne pense plus lorsqu'ils sont inutilisés. Cependant le soldat, comme tout autre homme a une famille — un père, une mère, une épouse, des enfants, une fiancée à qui il a été ravi et à qui la fatale nouvelle de sa mort ou de ses blessures apporte la désolation — souvent le désespoir.

Dire, qu'on invente des armes chaque fois plus terrifiantes pour s'entretuer — le fusil, le sabre, la baïonnette, les mitrailleuses ne suffisant plus aujourd'hui pour satisfaire à cet amour féroce pour les combats. La poudre à canon et la dynamite ne font pas assez de victimes, les anciennes batteries à tir accéléré ne sont plus assez rapides pour plaire aux ennemis de la paix, il faut encore qu'ils aient recours à l'électricité, aux canons qui tirent 30 coups à la minute, à la lyddite, à ces affreuses balles dum-dum, en dépit du Droit international et du Droit des gens, et à d'autres moyens barbares d'extermination — ils rêvent même un ballon destructeur.

Sur mer aussi, non contents de tous les engins de mort et des vaisseaux de guerre modernes, tels que les torpilleurs et ces monstrueux cuirassés qui coûtent des sommes fabuleuses, on veut tuer son semblable sans être vu et sans qu'il puisse se défendre, et pour y arriver on emploiera dorénavant ces redoutables bateaux sous-marins, dont la description seule fait frémir d'épouvante. Voici ce que nous en dit un écrivain : « Contre un ennemi pareil, contre cette sorte de torpille invincible, invulnérable, douée d'intelligence et de vie, dont l'approche causera aux équipages d'indicibles angoisses, il n'y aura point de salut même dans la fuite. » Quel navrant tableau !

Le tyran Phalaris de l'antiquité quand le grec Périllus qui avait encouru sa colère inventa son affreux instrument de mort, le taureau-fournaise, ordonna qu'il fût le premier à être brûlé vif dans cette machine infernale. Or, dans ce siècle civilisateur on donne des prix aux inventeurs de ces engins de torture !

On nous dit que la guerre est nécessaire. Quelle grosse erreur puisqu'elle dépopulise, épuise le Trésor, augmente les impôts, engendre la faim et par conséquent accroît les griefs du peuple. Donc, n'oublions pas que le sang répandu sur les champs de bataille représente la plus grande de toute les calamités, et que pour cette importante raison, c'est-à-dire par amour du genre humain, la guerre, ce fléau dévastateur devrait ne plus exister. D'ailleurs, souvent elle n'a pour but que de satisfaire aux mauvais penchants d'un chef d'Etat plein d'orgueil, ambitieux et querelleur qui se glorifie d'avoir une puissante armée toujours à sa disposition, et dont il se vante, comme une femme le fait de posséder des bijoux de grand prix.

Notons encore, que les soldats à qui on ordonne de marcher à la mort, y marchent avec une docilité qui surpasse celle des agneaux qu'on conduit à l'abattoir, car ces animaux ignorent le triste sort qui les attend ; tandis que les infortunés soldats ont le leur devant les yeux. Et pour plus grand que soit le carnage, on ne peut les blâmer, car le mot d'ordre est : — une aveugle obéissance. Or, presque toujours il arrive que ceux qui sont cause de la guerre sont paisiblement assis chez eux, entourés de conforts et de luxe, et si on leur suggérait l'idée de se battre, eux aussi, pour la patrie, ils repousseraient, pleins d'indignation, cette idée comme absurde.

Pendant les trois derniers siècles il y a eu des guerres désastreuses dans toute l'Europe ; celles soutenues par la France, l'Angleterre, l'Allemagne, la Russie, l'Autriche, l'Italie, l'Espagne et le Portugal ont été ruineuses pour ces pays. De 1618 à 1815, époque de la chute du grand génie exterminateur, Napoléon 1er, plus de 131.562.500.000 francs ont été dépensés au détriment des masses pour entretenir ces guerres, sans parler des milliers de victimes entre morts et blessés (1). Depuis lors il y a eu encore des conflits qui ont coûté des sommes colossales, entre autres la guerre Franco-Allemande, la Sino-Japonaise, l'Hispano-Américaine, la Turco-Grecque, et l'Anglo-Boër. Il y a encore à noter les frais énormes de la paix-armée qui dépassent 160 milliards.

Or, employer des milliards pour nourrir le pauvre et pour créer des travaux utiles, cela se comprend, mais pour s'entretuer, c'est déplorable ! Et peut-on s'étonner alors des plaintes amères du peuple et de son indignation de ces folles dépenses ? N'est-ce pas tout naturel qu'il gémisse sur le sort de ces malheureux, morts par milliers, sur les champs de bataille et qu'il s'oppose à un système, origine d'affreux désastres, qui plonge des nations entières dans le deuil ?

Les socialistes voudraient supprimer l'armée complètement, et l'on crie partout à l'utopie ! Cependant on n'a pas raison. Le projet est peut-être prématuré, voilà tout, car il est à croire que cela n'advienne que dans un avenir lointain. Quant à la Paix Perpétuelle, qu'ils dési-

---

(1) Voir « O Livro da Paz » de M. Magalhaès Lima.

2.

rent ardemment, comme beaucoup de monde, qui n'est pas socialiste, le problème n'est pas insoluble. Ce qui le fait paraître utopique, surtout aux yeux des chauvins, c'est l'idée erronée que pour y arriver il faudrait être d'accord dans tout pays sur toutes les questions politiques et sociales ; or, il ne s'agit nullement de cela, mais, uniquement de ne pas se battre.

Il est évident qu'il est impossible qu'il ne s'élève pas de temps à autre entre les divers peuples de la terre des différends qui provoquent des animosités. Comment être tous d'accord sur les nombreux problèmes politiques, lorsque de la solution de beaucoup de ces problèmes dépendent un avantage et une supériorité en faveur d'une nation quelconque au détriment d'une autre, souvent même de plusieurs autres ?

Il est vrai que le socialiste simplifie l'affaire par son idée de fondre en un seul tous les peuples de la terre — plus de frontières, plus de nationalité, tous compatriotes, tous amis de cœur — une espèce de Tour de Babel où la confusion des langues ne serait pas la moindre difficulté à vaincre. Non ; c'est aller trop loin, c'est vouloir outrepasser les limites marquées par les lois de la nature même ; car jamais les hommes ne seront tous d'accord sur quoi que ce soit. Allions-nous tous, fraternisons avec les peuples, toutefois, ne rêvons pas l'impossible. Gardons nos frontières ; soyons maîtres chez nous ; mais, advienne que pourra, ne nous battons pas.

D'aucuns disent que la suppression totale de l'armée ne peut avoir lieu parce qu'elle nous mettrait à la merci des socialistes et des peuples barbares, augmenterait le nombre des sans-travail et que le commerce en souffrirait durement aussi, l'industrie provenant des dépenses militaires de tout genre étant énorme.

Il y a peut-être du vrai dans cet argument par rapport au danger de la Révolution Rouge et de celui d'une invasion par les barbares ou les jaunes. Mais, supprimons la misère, concilions-nous avec les socialistes et cette révolution n'aura pas lieu ; substituons l'arbitrage à la guerre et bientôt tous les peuples lointains qui nous imitent si bien dans cet art cruel, suivront notre exemple salutaire et ces périls ne seront plus à redouter.

Quant aux travailleurs, loin d'augmenter leurs maux, cela les diminuerait, et quant a l'in-

dustrie militaire, avec le temps elle serait rem
placée par celle de l'agriculture. Disons donc
que si pour le moment la suppression totale des
armées est peu probable, pour les sus-dites raisons, d'autre part, le désarmement général et
la solution de tout problème politique entre deux
peuples, sans avoir recours aux armes sont très
praticables. On conserverait encore pour quelque
temps, un corps d'armée de 100.000 hommes
dans les principaux pays, et à proportion dans
les autres, afin de protéger les colonies respec-
tives de chaque contrée contre l'invasion des
tribus sauvages et pour empêcher la grève générale ou toute insurrection, mais il ne serait
plus question de guerre entre deux peuples, et
encore moins de guerre civile. On abolirait à
tout jamais cette mode affreuse de s'entretuer.
La paix armée n'existerait pas et on n'aurait nul
besoin de 600.000 soldats!

Trancher les litiges existant entre deux nations sans l'assistance d'une armée! « There's
the rub », comme dit Hamlet. Et ne serait-ce
pas un signe de progrès digne de notre époque ?
Il y a, comme on sait, un moyen d'exécuter ce
projet. C'est celui de décider tout différend politique entre deux pays ennemis par arbitrage,

comme autrefois la diète de Francfort faisait pour les contestations entre les Etats de la Confédération Germanique.

Voilà un système bien simple et pour lequel on pourrait établir un tribunal permanent comme celui de la Haye en tout pays. Des savants en Droit international de deux puissances neutres étudieraient la cause des litiges entre les divers pays, et la question serait discutée en débats publics, après l'explication du différend par les délégués des nations adverses, devant un jury choisi parmi les compatriotes de ces savants qui déciderait en faveur d'une de ces nations.

Plusieurs contestations politiques ont été terminées de nos jours par arbitrage et l'on s'en est fort bien trouvé. Il n'y a donc pas de raison plausible pour que ce système ne soit pas soutenu dans tout l'univers.

L'histoire nous parle des anciens Romains comme d'un peuple ambitieux et barbare ne rêvant que guerres à outrance, invasions et conquêtes, et nous ne voulons certainement pas faire leur éloge, ni même l'apologie de la célèbre lutte entre les Horaces et les Curiaces, notre maxime étant : « A bas les armes, » mais dire uniquement que cette lutte, qui prouve l'inutilité de faire couler des flots de sang et de ruiner tout un pays pour résoudre une question entre deux peuples, nous les représente, du moins lors de cet événement, bien moins cruels, bien moins barbares que les peuples modernes. 3 contre 3 équivaut à 100.000 contre 100.000 et le combat entre ces 6 champions fut moins sanglant et plus uniforme qu'une bataille où 250.000 hommes attaquent 20.000, comme cela arrive parfois dans les guerres de nos jours.

Mais revenons à l'arbitrage : si pour mettre fin aux multiples controverses entre tant de pays on avait soutenu ce système humanitaire depuis l'antiquité jusqu'à présent, toutes ces scènes de carnage et de rapine, qui se sont succédées à de courts intervalles pendant tant de siècles et qui deviennent chaque fois plus terrifiantes, au point d'être la honte de notre époque, n'auraient pas eu lieu.

Alors combien de millions de vies auraient été épargnées, combien de sinistres catastrophes évitées, et combien de milliards seraient restés intacts dans les coffres du Trésor de tous ces pays! Alors, aucune nation ne se serait vantée de pouvoir mettre sur pied 5 ou 6 millions d'hommes pour massacrer ses semblables et risquer ainsi de ruiner sa patrie !

Cela aurait mis fin au vandalisme des batailles, à ces tueries révoltantes, suivies de pillages honteux que nous tenons des Huns, des Goths et des Visigoths. Et retenez-le bien, vous qui optez pour la guerre : il n'y a pas de mal plus nuisible, de fléau plus néfaste que les conflits sanglants de l'actualité, car ces conflits laissent derrière eux un sillon de sang qui entretient des sentiments de haine et de vengeance, perpétués de père en fils, et qui avec le temps deviennent inextinguibles.

Et maintenant disons encore deux mots sur le contre-coup que la paix internationale et permanente pourrait porter à l'industrie et auquel nos opposants attachent une si grande importance. Le mal, s'il existait, serait passager et insignifiant car il atteindrait quelques capitalistes seulement ; la retraite ouvrière, le nouveau règlement pour le sol et la limitation du droit de tester, (1) dont nous parlons plus loin, mettant à l'abri du besoin des milliers de vieux travailleurs et faisant par conséquent place aux jeunes sans-

____

(1) Voir Testaments, 2e Partie.

travail, les petits n'en souffriraient pas. Quant aux soldats congédiés, loin d'être victimes de cette réforme salutaire, ils en profiteraient largement, puisqu'ils seraient délivrés à tout jamais de la misère par la possession d'une petite propriété chez eux, ou par l'exploitation d'une grande portion de terre inculte dans les colonies, et devenant de braves et heureux cultivateurs, serviraient la patrie comme par le passé.

Plaidons donc ici et partout et toujours en faveur de la Paix Perpétuelle qui serait le moyen d'alléger les travaux et de diminuer la responsabilité des hommes d'Etat ; de tranquilliser le peuple ; de rendre le calme au foyer domestique ; d'épargner la vie à des milliers d'hommes et des chagrins aigus à leurs familles ; d'économiser des milliards qui procureraient le bien-être au déshérité, nourriraient l'affamé et par conséquent éteindraient cette fièvre de révolte parmi les masses. Plus de guerre et moins de misérables ! Le résultat serait phénoménal.

Oui ; quand on n'entendra plus gronder la voix tonnante du canon, ni retentir le cliquetis solennel des armes, mêlé au glas funèbre du sinistre tambour annonçant la lutte entre de braves et pauvres soldats ; quand l'inexplicable haine de l'étranger sera éteinte et que l'amour des sanglantes batailles ne sera plus qu'un souvenir du passé; quand enfin le dieu Mars n'exercera plus son empire sur la terre, la noire misère cessera d'exister.

Alors la Paix, fleur tardive au doux parfum, ange gardien de la tranquillité, triomphant des passions belliqueuses, apportera aux peuples une gloire qui surpassera celle des plus célèbres conquêtes. Alors, on pourra dire que notre civilisation avancée, mais encore défectueuse, vient d'être scellée du cachet de la perfection.

CHAPITRE IV

C'est un fait incontestable et scandaleux qu'il existe des fortunes colossales et d'autre part une misère à fendre le cœur. Pourquoi y aurait-il tout un monde entre le pauvre et le riche ?

— Un monopole d'or, s'écrie le socialiste. Et l'opulent de déclarer que cela a toujours été ainsi, plus ou moins, dans tout pays, et qu'il y a des millionnaires qui font un grand bien.

— C'est vrai, mais il n'en est pas moins vrai qu'un grand nombre n'en font pas du tout, et ne s'intéressent nullement aux crève-faim qui, tout près de chez eux, habitent de misérables taudis. Et ceux-là même qui ouvrent leur bourse pour secourir le malheureux le font presque toujours avec parcimonie. Cependant ils dépensent un argent fou aux courses, à Monte-Carlo et pour la satisfaction de tous les vices, dont les jeux de hasard sont les plus ruineux. Il faut avouer que les riches, à très peu d'exceptions près, sont de parfaits égoïstes.

Le socialiste les taxe de criminels. Le sont-ils ?

—Nous n'oserions l'affirmer. Mais il n'y a pas de doute que ne sont pas coupables seulement ceux qui volent, blessent et tuent leurs semblables, mais encore ceux qui, sachant qu'il y a des malheureux mourant de faim, refusent de les secourir, ayant de l'or plein les poches.

Cette injustice de la société est cause de l'indignation et de la colère menaçante du socialiste, et elle explique les théories révolutionnaires du satirique Voltaire et la rage de Jean-Jacques Rousseau. Cet exalté, se rappelant sans doute ses propres souffrances, se révolta contre la société et tâcha de faire revivre par ses écrits des doctrines communistes et paradoxales, comme celles de Morus, de Kant, de Strauss et d'Helvétius que Karl Marx, Hégel, Lassalle, Bakounine et bien d'autres propagèrent plus tard.

Imiter les anciens Grecs et les Romains, oubliant qu'on est un peuple civilisé, lutter brutalement corps à corps, comme les gladiateurs dans le Colisée, pour obtenir une indépendance qui ne mérite pas le nom de liberté : telles sont les idées barbares de quelques uns de ces pseudo-philosophes.

Mais, laissons là ces fausses doctrines, dont nous parlerons plus tard, et disons quelques mots de ces pauvres malheureux dénués de tout, voués à l'oubli et souffrant le martyre (1). Ils se révoltent contre ces possesseurs de fortunes colossales et se demandent pourquoi ils doivent être condamnés à mourir de faim quand il y a des êtres privilégiés ayant, non seulement le nécessaire, mais encore, entourés de tout ce que la vie peut procurer de bon, d'agréable, de luxueux.

Ces infortunés sans foi, sans travail, sans amis, sans protection, ayant été élevés dans un milieu malsain, pour la plupart malades de corps et d'esprit à force de privations, ne rêvent que vengeance contre les gouvernants, et les grands capitalistes qui roulant sur l'or, leur tournent

----

(1) Il y a à Paris, 5000 personnes sans logis et dans un de ses faubourgs 40,000 miséreux manquant souvent de pain. Et dans quelques autres capitales le cas est encore plus navrant.

le dos et refusent de les secourir. Alors à bout de ressources et à bout de patience, la tête montée, la rage dans le cœur, le désespoir dans l'âme, ils attaquent la société qui se défend par la main de la loi.

Plaignons donc ces exaltés, ces victimes de la faim. Lamentons-nous sur leur malheureux sort, et que le riche, qui jouit de tout un monde de bonheur, sans s'inquiéter de la lugubre misère qui porte au crime, se revête de l'esprit de clémence et se rappelle ces mots d'un grand écrivain : « Bien nourri, bien vêtu et bien chauffé, il est facile d'être vertueux. »

Ainsi pensait, sans doute, la brave sœur Rosalie à Paris en 1871 lorsqu'elle défendit de son propre corps les insurgés qui, près d'être fusillés, se réfugièrent dans son couvent. Et sûrement, jamais personne n'osa censurer la conduite pleine de courage et de miséricorde de cet apôtre de la charité.

Parmi les masses, il y a aussi le malheureux sans-travail, patient et calme, qui souffre avec une résignation angélique, préférant la mort au crime. Cet infortuné parcourt les rues du matin au soir cherchant de l'ouvrage pour nourrir sa famille. Il voit passer à côté de lui les riches dans leurs beaux équipages avec leurs amis, leurs femmes, ou leurs maîtresses ; celles-ci étalant aux yeux des passants de superbes toilettes, de magnifiques bijoux.

Ils causent, ils rient, ils s'amusent ceux-là. Ils habitent soit à Paris, soit à Londres ou à New-York de superbes hôtels au Faubourg Saint-Germain, au Parc Monceau, aux Champs-Elysées, à l'Avenue du Bois, ou bien à Hyde Park, à Berkley Square, à 5th Avenue, meublés avec un luxe sardanapalesque. Dans ces maisons princières ils donnent des fêtes splendides, des dîners et des soupers qui feraient envie à Lucullus.

A Paris il connaît deux ou trois de ces somptueuses demeures, où il est entré quelques fois pour placer un meuble, poser un poële ou arranger une sonnette, et il se souvient combien il a été ébloui par tout ce luxe. Le cœur navré, il s'arrête un moment pour contempler, ces puissants de la terre, et comparer sa triste position à la leur. Ce scandaleux contraste le blesse, mais il ne se révolte pas.

— Quelle bonne mine ont ces gens-là, se dit-il. C'est qu'ils sont bien nourris et bien logés, tandis que lui, pâle et maigre, les yeux hagards, presqu'éteints à force de jeûnes, et portant une blouse ou une veste déchirée, une vieille casquette crasseuse, des bottes trouées et n'ayant pas même de chemise, il habite avec sa femme et ses enfants une chambre unique. Dans ce trou infect tous manquent de pain, depuis qu'il a perdu sa place à la suite d'une maladie grave.

Parmi ces passants il en connaît qui se sont enrichis par l'usure et la chicane. D'aucuns ont volé l'argent du Trésor, d'autres ont fait fortune, en prêtant de l'argent à un intérêt fabuleux, ou par des coups de Bourse, d'autres encore par la falsification du pain, du beurre, du vin, de la bière et de bien d'autres aliments et sont donc plus coupables que le malheureux qui, poussé à bout par la misère, et gémissant sur le sort de ses enfants affamés, prend un pain chez le boulanger pour sauver la vie à ces petits êtres chétifs et malingres, aux visages tristes et allongés, qui assis sur un grabat, demandent ce pain à grands cris.

Cependant ce dernier est emprisonné, tandis que ceux-là, malgré toutes leurs escroqueries, échappent à la loi — mais ne roulent-ils pas en carrosse et n'ont-ils pas pour sauvegarde leurs

millions ? — Hélas, c'est encore une des injusti-
ces de notre société, que M. Georges Ohnet a si
bien qualifiée de pourrie, et c'est bien le cas de
dire avec les Portugais :

> Rouba pouco e serás ladrão,
> Rouba muito e serás barão (1).

ou avec le pirate au temps d'Alexandre le Grand
qui, ayant comparu devant ce monarque pour
être jugé et puni de ses crimes, lui dit : « Il n'y
a qu'une différence entre nous deux, je vole en
détail, et vous volez en gros. »

Or, les travailleurs sont, pour la plupart, de
braves et honnêtes gens comme celui que nous
venons de dépeindre, et nous pourrions citer
un grand nombre de cas de probité, dignes de
louanges, parmi cette classe honorable. Tout dernièrement encore, il est venu à notre connaissance que dans le court espace de quelques mois
deux malheureux sans travail, se mourant presque de faim, ont trouvé dans les rues de Paris
des sommes considérables qu'ils sont allés dé-
poser au commissariat de police du quartier,
sans en détourner un sou.

---

(1) Vole peu et tu seras larron,
Vole beaucoup, tu seras baron.

3.

Faisons mention aussi que dans cette capitale et plus tard à Vienne ayant perdu notre bourse dans la rue, elle nous fût restituée par deux braves gens du peuple (1).

Cependant bien des mondains attribuent aux travailleurs toutes sortes de vices, surtout celui de la boisson, sans se souvenir qu'eux aussi ne sont pas vertueux, et que l'oppression, le chômage et la faim même conduisent souvent l'ouvrier au cabaret, sous la fausse impression, de noyer ses chagrins dans un verre de vénéneux alcool.

Or, si ces mondains, au lieu de calomnier ainsi les travailleurs, les avaient toujours secourus, surtout pendant le chômage, ils s'en seraient fait aimer. Et si le patron de l'usine, le fabricant,

___

(1) Il serait juste que ceux à qui on restitue de l'argent ou un objet quelconque, perdu sur la voie publique, ou dans un fiacre ou un train soient forcés par la loi à donner là-dessus 12 0|0 pour les pauvres, car il y a bien des gens qui ne récompensent pas même un indigent qui leur rend honnêtement ce qu'ils ont perdu, par négligence, dans la rue ou ailleurs. La restitution étant faite par un nécessiteux, ce qui arrive souvent, celui-ci devrait avoir droit à cette somme, comme gratification. En Autriche il y a une loi par laquelle on retient pour les pauvres à la Préfecture de Police 10 0|0 sur la valeur des objets retrouvés et réclamés.

l'agriculteur et le propriétaire de mines, au lieu d'exploiter leurs employés et de les tenir dans un état d'esclavage qui rappelle celui des Israélites, chez les anciens Egyptiens, leur avaient tendu une main secourable, ces travailleurs ne se seraient jamais révoltés.

Dans les pays où la population s'accroît de jour en jour, les mécontents et les miséreux pullulent, car l'inégalité des ressources financières est énorme, ce qui creuse un abîme entre le pauvre et l'opulent, entre le richissime industriel et ses ouvriers, ceux-ci n'ayant pas toujours suffisant pour nourrir leur nombreuse famille.

M. T. R. Threlfall dans son intéressant opuscule intitulé « How the Classes rule the Masses » (1), nous fait une description navrante des souffrances des classes laborieuses en Angleterre. Et cependant ces souffrances sont moins grandes que celles des classes correspondantes dans quelques autres pays de premier ordre, car les travailleurs en général y sont mieux rémunérés et les asiles pour les malheureux sont plus nombreux ; en outre la charité y est très répandue.

---

(1) Comment les classes gouvernent les masses.

Donc, si nous transcrivons ici quelques lignes de cet opuscule c'est uniquement parce que son auteur nous éclaire mieux que personne sur l'inégalité des moyens d'existence et sur la lutte pour la vie qui existent partout. Voici ce qu'il nous dit des richesses de son pays et du grand fléau international — la misère :

« Dans la Grande Bretagne il y a 8000 propriétaires avec 35.000,000 de livres sterlings (1) de rente, et 500 pairs du royaume avec un revenu de £ st. 12.000 000 et tous les ans il y a des gens qui meurent laissant des fortunes colossales. A une vente de fleurs qui eut lieu le 4 mai 1887 une seule orchidée fut vendue pour £ st. 325 et 10 shillings (8137 fr. 50).

Cependant on fait douze douzaines de boîtes d'allumettes pour quelques liards, des chemises d'homme à 7 sous chaque, des caleçons de flanelle à 1 fr. 50 la douzaine et des tabliers de lawn-tennis garnis de petits volants pour un misérable petit sou. »

C'est ce qu'on appelle travailler à la tâche. Il y a quelques années les journaux de Londres ont

---

(1) Une livre sterling vaut 25 francs.

beaucoup parlé contre la cruauté de ce système qui existe dans toutes les grandes capitales.

Il y a encore que chez bien des peuples un grand nombre de personnes de l'aristocratie reçoivent des apanages fabuleux de l'Etat, tandis que le pauvre soldat qu'on force à risquer sa vie dans des luttes cruelles ne reçoit vers la fin de ses jours qu'une toute petite pension, une misérable pitance, pour retraite, et l'ouvrier et le laboureur pas même cela. Dans un grand pays de l'Europe voici ce qu'on lit dans une revue du mois d'octobre de l'année 1868 :

« La duchesse de X......... voulant agrandir ses terres de chasse a fait mettre le feu aux maisons de 300 familles qui tenaient à rester où leurs aïeux avaient habité depuis des siècles. On ne leur donna pas même le temps d'enlever leurs meubles. Les estropiés, les vieillards, les malades sortirent de leurs lits terrifiés ; ce fût un sauve-qui-peut navrant. L'incendie dura six jours.

Et dans un autre pays, près de celui-là, cent mille personnes furent expulsées, et cela pour le bon plaisir de quelques grands propriétaires.

M. Threlfall parlant de l'Angleterre nous dit qu'il y a 25.000.000 de sa population qui pendant sept mois de l'année mangent du pain venant de l'étranger, bien qu'il y ait 25.000.000 d'acres de terre dans ce pays et en Irlande qui, si on les cultivait, produiraient du blé pour nourrir 100.000.000 d'hommes ». Ajoutons ici qu'il en est de même dans presque tous les pays. Et on se plaint du peuple et de ses exigences sans censurer la conduite de ceux qui veulent tout accaparer, sans se soucier nullement des malheurs des masses.

La France, à elle seule, a bien 24 millions de cultivateurs, nous dit un économiste français, qui mènent une vie pénible et 3 à 4 millions d'ouvriers industriels sont parfois privés de travail pendant plusieurs mois de l'année. Faisons mention aussi des pêcheurs, ces pauvres pêcheurs dont les profits sont si petits et les périls si grands. Il y a en ce moment cent mille de ces malheureux dépourvus de tout et mourant de faim au fond de la Bretagne.

Les griefs des travailleurs ne sont donc pas imaginaires comme les sans-cœur l'affirment. Aussi leur vie dure et leurs nombreuses privations sont-elles aujourd'hui un sujet de discussion partout. Mais ne vaudrait-il pas mieux en parler moins et s'en occuper davantage? — agir, agir, et cela de suite. Retenons, que les classes laborieuses représentent la majorité du genre humain et que cette majorité souffre, car elle est accablée sous le poids d'un travail au-dessus de ses forces et c'est la minorité qui jouit de la plus grande partie des bénéfices de ce travail ; par conséquent, intéressons-nous au sort de cette majorité souffrante.

Ayons aussi présent à l'esprit que nous avons tous besoin des travailleurs, car rien ne se fait en ce monde sans le puissant appui de leurs bras (1).

Embrassons d'un regard la terre et demandons à l'opulent ce qu'il serait sans le laborieux paysan et l'habile ouvrier ? Jetons en passant un coup d'œil sur Paris, cette belle capitale, avec ses grands édifices, ses jolies avenues, son bois charmant, ses ponts pittoresques, ses superbes monuments et arrêtons-nous un instant à cette pensée : — Comment aurait-on accompli toutes ces merveilles sans la coopération de ces braves et courageux artisans et laboureurs ?

Le pain qui nous alimente, les maisons que nous habitons, nos meubles, nos vêtements,

---

(1) Voir ce qu'en dit Léon XIII dans son encyclique « Rerum Novarum » p. 17.

notre confort, les mille objets de luxe qui embellissent la demeure du riche, en un mot, tout ce qui est indispensable à la vie et tout ce qui contribue à la rendre agréable, ne nous parle-t-il pas de leur incessante activité ?

Et pourtant ces hommes, les membres les plus utiles de l'échelle sociale travaillent sans relâche, gagnent peu; et souvent il leur arrive de terminer leurs jours dans l'indigence. Le bon La Fontaine nous dit que le travail est un trésor, toutefois, il ne doit pas être trop pénible et doit rapporter assez pour vivre à l'aise.

Or, le contraire arrive aux travailleurs qui, en général, sont mal rémunérés pour de très lourdes besognes et par conséquent sont épuisés et vieillis avant l'âge. Il est donc juste que nous écoutions leurs plaintes et que nous tâchions de remédier à leurs maux immérités, sans pour cela, révolutionner l'univers et détruire de fond en comble l'Edifice Social.

Et ce n'est pas seulement la classe laborieuse qui souffre. Il y a bien d'autres malheureux sur terre qui luttent et subissent de cruelles épreuves, gémissant en secret sous le poids de leurs lourdes chaînes. Il y en a même parmi les gens instruits et de bonne famille.

Parmi ceux-ci l'écrivain pauvre et inconnu tient le premier rang. Cet homme laborieux luttant toujours, manquant de tout, et qui, rongé de chagrin finit un jour par mourir de faim au fond d'une mansarde, sans jamais s'être révolté contre ceux qui l'ont repoussé, chaque fois qu'il a fait un effort pour s'élever, est bien à plaindre.

Il souffre de corps et d'esprit, car rien ne fatigue autant que l'étude et les veilles, et travailler incessamment sans rien gagner, sans jamais atteindre son but, perdre une à une ses illusions à la suite des plus cruelles déceptions, quoi de plus triste, de plus décourageant? Ce malheureux laissera à son grand regret en mourant des ouvrages inédits qui auraient pu, sinon l'enrichir, lui procurer le bien-être, ou du moins l'arracher à la mort à laquelle il ne tardera pas à succomber; en un mot, après avoir travaillé pendant de longues années, sans relâche, il se lève chaque matin et il se couche chaque soir toujours sous le poids de cette douloureuse impression — « tous mes écrits seront un jour livrés aux flammes! » De là cette vieillesse précoce qui le mine, cette noire mélancolie précurseurs de la mort.

Parfois il arrive qu'un éditeur publie une de ses œuvres. Mais elle n'a pas été bien annoncée et sans une bonne réclame rien ne se vend aujourd'hui. De plus, le livre portait un nom inconnu, cette pierre d'achoppement du nouvel auteur.

N'ayant pas de vrais amis dans le monde, il n'a pas d'influence, d'ailleurs, ses moyens ne lui permettent pas d'être sur le même pied que ses nobles et riches parents, car, nous l'avons dit, souvent c'est un homme de bonne famille.

— Il lui manque un certain cachet, disent quelques dédaigneuses leaders de la mode. Ces femmes frivoles du « high life » trouvent qu'il n'est pas gai, qu'il a l'air distrait, sombre, qu'il n'a pas d'aplomb — elles sont près de le comparer au chevalier de la Triste Figure. Le fait est qu'il n'aime pas à flirter et ne leur fait pas de compliments.

On leur dit que ses romans sont très intéressants et tout ce qu'il y a de plus moral.

— Mais, chuchotent-elles en ricanant, ce n'est pas fort amusant la morale. Ainsi raisonnent ces écervelées.

Il sait bien qu'il est triste, distrait, et qu'il n'a pas d'aplomb. C'est la solitude qui en est cause, il fréquente si peu les salons à la mode. Bien des personnes ignorent même qu'il est auteur. Pourtant ce n'est ni le talent ni l'instruction qui manquent à cet écrivain, mais de l'or, et de l'influence, ces promoteurs de toute production. Il a de l'esprit, c'est un assez brillant causeur, quand il est en veine, mais on lui donne rarement l'occasion de le montrer. Aussi jure-t-il de ne plus retourner dans le monde et de ne plus écrire. Il mourra de faim dans son grenier, abandonné de tous, ou bien, dans un moment de désespoir, dans un accès de folie, il se brûlera la cervelle.

Ce malheureux est dans le cas de quelques auteurs dont parle Disraëli dans son ouvrage intitulé : « Quarrels and Calamities of Authors ». Ces infortunés sont morts misérablement sans qu'un seul de leurs ouvrages ait jamais vu le jour. Cet écrivain nous dit qu'ayant lu plusieurs de leurs manuscrits, il y trouva des traits de génie, qui mettaient ces œuvres bien au-dessus de celles du même genre par des auteurs célèbres de cette époque. Il se peut bien que ces derniers les aient critiquées et condamnées. C'est ce que fit Balzac lorsque George Sand le consulta sur ses premiers ouvrages.

— N'écrivez pas, madame, lui dit-il, ce n'est guère votre vocation et continuez à faire vos petites boîtes en carton. Comme on sait, elle en faisait pour vivre. Scribe aussi avant de faire son nom fût victime d'âcres critiques, une célèbre marquise, dite très savante, et ses satellites ayant déclaré que ses pièces de théâtre ne valaient rien. Faisons mention aussi d'un grand auteur de nos jours, qui, malgré tous ses efforts attendit quinze ans avant d'arriver à faire jouer sa première pièce.

Et si nous retournons en arrière nous trouvons des hommes tels que Molière, Camoëns, Shakespeare, Milton, Goldsmith, Tasse, Dante, Pétrarque, Cervantès, Caldéron et bien d'autres grands auteurs classiques, sinon méconnus, du moins peu appréciés pendant leur vie. On peut donc classer ces littérateurs, célèbres aujourd'hui, parmi les malheureux de la terre.

Lamentons-nous donc sur le sort de l'infortuné auteur inconnu et sans protection, qui, n'a rien gagné avec la civilisation de nos jours et qui luttant sans cesse pour faire son nom, ne rencontre à chaque pas que des écueils. C'est encore un résultat de la noire injustice de notre société corrompue.

Et le pauvre professeur? cet être qui passe sa vie à courir le cachet par tous les temps pour instruire les ignorants et qui est souvent traité du haut en bas par de riches idiots, des parvenus qui auraient bien besoin de posséder le quart de son savoir.

Ces gens-là sont parfois très amusants. Donnons ici un échantillon de leur esprit et de leur érudition.

— Pourquoi n'allez-vous pas en Angleterre par terre puisque vous n'aimez pas les voyages par mer?

Cette sage question nous fût posée en espagnol à Paris dans un hôtel à table d'hôte par un de ces personnages arrivé de l'Amérique du Sud et qui ne connaissait que sa langue; elle eut pour réponse :

— Parce que c'est une île, madame.

— Une île ! et qu'est-ce qu'une île ?

— De la terre entourée d'eau.

— Caramba ! (diantre) s'écria la petite femme toute étonnée, voilà qui est drôle !

Et chez lady W. à Rome un jour de réception, voici ce que nous dit une autre parvenue, d'ailleurs très élégante, un vrai type de fashionable et comme notre américaine très savante en géographie.

— On me dit que vous arrivez de Madrid, la capitale du Portugal. Il paraît que c'est un pays charmant !

Et ce dialogue entre un richard très en vogue et une femme du monde :

— Mademoiselle, comment se fait-il que vous parlez toutes les langues avec la plus grande facilité ? C'est incroyable !

— Toutes ! vous êtes bien aimable Monsieur, mais c'est beaucoup dire.

— Eh ! bien, cinq ou six n'est-ce pas ? tout de même c'est remarquable, et il faudrait trouver la clef de cette énigme.

— Comment, de cette énigme ?

— Le richard se frappe le front et s'écrie, je l'ai, je l'ai.

— Quoi donc ! Monsieur ?

— La clef, la clef — c'est ça. Vous êtes d'origine mixte. On me l'a dit. Vous avez eu des ancêtres français, portugais, autrichiens. Oui ; c'est bien ça qui en est cause.

— Et elle de lui répondre tout étonnée : vous êtes donc d'opinion que la science des langues est dans le sang ?

— Mais certainement, cela va sans dire.

— L'intelligence et l'étude n'y sont pour

rien ? Selon vous, quand on est d'origine cosmopolite, on vient au monde avec le privilège de comprendre tous les idiomes sans les apprendre.

— Il n'y a rien d'étonnant à ça, je vous assure.

— C'est charmant ! dit-elle, en riant, on n'a donc pas besoin de se fatiguer ; on a l'avantage de les connaître par intuition ou par sorcellerie. Le bébé vient au monde linguiste, polyglotte.

— Parfaitement, fut la réponse de cet érudit qui croyait sans doute, tenir son origine d'un des sept sages de la Grèce et posséder la science infuse.

Et voici encore une idée baroque dans le même genre émanée de l'esprit futile d'une personne fort gentille et très connue dans le monde. Ayant assisté à une séance dramatique qui fut très applaudie Mme de L. racontait à plusieurs personnes réunies chez elle qu'on avait récité Macbeth d'une manière admirable, sauf le rôle de Macduff, dont l'interprétation ne lui avait pas plu et cela pour une raison toute spéciale.

— Peut-on savoir quelle est cette raison ? lu demanda une de ses amies.

— Je vais vous la dire, répondit-elle avec aplomb : c'est que j'ai si souvent entendu mon père réciter Macbeth et jamais personne n'a pu l'égaler dans ce rôle-là ; mais ça s'explique —il descendait de Macduff le grand guerrier ! — de là son talent pour l'élocution. C'est tout simple, n'est-ce pas ?

— Ah ! Ah ! Vraiment ! s'écria-t-on de tous côtés d'une manière fort peu flatteuse, en retenant des éclats de rire et en répétant tout bas : c'est fort simple en effet (1).

Mais revenons au professeur pauvre. Comme bien d'autres malheureux souvent il arrive qu'il ne gagne pas assez pour économiser, et finit, lui aussi, ses jours dans la misère. Nous pourrions donner bien d'autres exemples de ces victimes de la faim, mais il faudrait tout un volume pour les énumérer, car hélas ! les nécessiteux pullulent ; ils sont comme les grains de sable du Sahara.

Et dire qu'il y a des gens qui ne délient pas leur bourse pour secourir les indigents et qui cependant vont tous les jours à l'église, fréquentent les sacrements et se prosternent devant les Autels du Seigneur ! Il ne leur vient pas à

––––––––––––––––

(1) Toutes les anecdotes dans cette brochure sont authentiques.

l'idée que pour être vrai chrétien il faut partager avec le pauvre. Citons leur ces mots, de J. J. Rousseau qui fût taxé d'impiété : — « O, quel argument contre l'athéisme que la vie du vrai chrétien ! »

— Jésus n'a pas recommandé de longues prières. Il les a plutôt censurées en taxant d'hypocrisie les Pharisiens, qui en faisaient, et en nous enseignant le Pater. Mais il a recommandé, non seulement la charité, qu'il a placée au-dessus de toutes les vertus, mais le partage. Il a toujours parlé contre les opulents, et dans sa parabole de Lazare et du mauvais riche a condamné ce dernier aux flammes de l'enfer.

Voyons ce qu'il dit encore à ce sujet : « Il est plus aisé qu'un chameau passe par le trou d'une aiguille qu'il ne l'est qu'un riche entre dans le royaume de Dieu. » (St Marc.) ch. 10. v. 25.

Et quand un jeune homme lui demanda ce qui lui manquait pour acquérir la vie éternelle, lui qui avait observé tous les commandements — Jésus lui dit :

— Si vous voulez être parfait, allez, vendez ce que vous avez, donnez-le aux pauvres et puis suivez-moi et vous aurez un trésor dans le ciel. (St Math.) ch. 19. v. 21.

Puis : « Autant de fois que vous avez manqué à rendre assistance à l'un de ces plus petits, vous avez manqué à me le rendre à moi-même. » (St Math.) ch. 25, v. 45.

Il dit encore : « Lorsque vous donnez un festin, conviez-y les pauvres, les estropiés, les boiteux et les aveugles. » (St Luc) ch. 14. v. 13.

Le même évangéliste nous apprend que Jésus promit le ciel à Zachée, lorsque celui-ci lui dit qu'il donnerait la moitié de son bien aux pauvres.

Saint Paul aussi nous assure que lors même que nous posséderions mille vertus, si la charité y manquait, nous ne serions rien devant Dieu.

Et cependant il y a par toute la terre et dans toutes les classes de l'échelle sociale de malheureux êtres, nos frères, qui manquent de pain et rarement on pense à leur venir en aide. Au mois d'Avril 1893 à Paris quatorze miséreux ont succombé à la faim et en d'autres capitales il en meurt un grand nombre chaque hiver.

Donnez donc de votre or, vous qui en avez à profusion. Contribuez au bien-être de vos semblables, afin qu'aucun infortuné n'ait à vous reprocher la mort d'un des siens.

Alors celui qui veut aujourd'hui vous attaquer

comme le lion, parce qu'il a faim, deviendra demain doux comme un agneau. C'est le meilleur usage que vous puissiez faire de cet or, et quand votre dernière heure sonnera le souvenir de ce devoir accompli sera votre consolation et votre espoir pour la vie future.

En le donnant, retenez surtout qu'il vaut bien peu ce vil métal, cause de tant de querelles, de tant de luttes, de tant de vices, de tant de crimes.

L'avare affirme que l'or peut tout, mais il se trompe, ce misérable. Il est vrai qu'on ne saurait s'en passer, mais tout l'argent du monde ne pourrait nous procurer ce qu'il y a de mieux dans la vie. Par exemple, la santé et l'intelligence, ces dons précieux, la beauté du corps et de l'âme, la jeunesse, l'amour d'un être chéri et la prolongation de l'existence sont au delà de sa portée.

Il est impuissant aussi contre les nombreux périls auxquels nous sommes exposés journellement, tels que la foudre, les naufrages, les tremblements de terre, les incendies, la peste, et bien d'autres encore. Pourquoi donc en faire une idole ?

Du riche dépend la tranquillité publique. On

a souvent parlé d'une vigilance policiaire international pour mettre fin aux attentats anarchistes ; mais meilleures que cette vigilance policiaire seraient des lois qui forceraient le riche à faire des concessions au pauvre. Alors il n'y aurait plus de crève-faim, ni de crève-froid, par conséquent, plus de révoltés, et l'on cesserait d'entendre parler de suicides et d'assassinats par manque d'un morceau de pain.

Les êtres humanitaires et bienfaisants n'abondent pas. Les âmes d'élite comme Peabody, Tolstoï, et Toynbee sont rares. Voilà pourquoi, contraindre le mauvais riche à faire son devoir afin qu'il n'y ait plus d'affamés serait juste et équitable.

— Comment ! s'écriera-t-on, dans les cercles conservateurs, priver le capitaliste de ses droits ?

— Mais non ! mais non, simplement l'empêcher d'exploiter le travailleur et de tout garder pour lui.

— Et la constitution ?

— Elle a besoin, ne vous déplaise, d'être révisée, reconstituée même pour le bien général.

CHAPITRE V

LE SOCIALISME ET SES CAUSES

Les capitalistes disent que le socialisme n'aurait jamais existé, sans la paresse, l'envie et les vices des classes laborieuses. Quelle grosse erreur ! — L'oppression du pauvre, les guerres et la misère, d'où provient le mécontentement du peuple, en sont les causes. Or, ce mécontentement a toujours existé plus ou moins, car l'oppression des travailleurs date de temps immémorial et le socialisme ou communisme n'est pas nouveau, comme on le sait, puisqu'il existait du temps de Platon et de Lycurgue.

Quant à l'esprit de révolte, il dure depuis plus d'un siècle et fut grandement encouragé par les philosophes déjà mentionnés, auxquels ajoutons, Morelli, Mably, Saint-Simon, Fourrier, Schopenhatter, Marx, et bien d'autres encore.

4.

Ces révoltés frayèrent le chemin de cette guerre des classes en propageant l'athéisme et quelques-uns l'anarchie. Le croissant égoïsme du riche et le paupérisme y mirent le comble et engendrèrent, ou plutôt, firent renaître le communisme sous le nom de l'Internationale.

Les premiers à se révolter furent quelques groupes de sans-travail. C'est du milieu de ces groupes que surgit le premier cri contre le capitaliste. Peu à peu le chômage devint plus général et le mécontentement s'accrut, car avec les nouvelles inventions de machines, le fabricant et le patron d'usine employèrent moins de bras.

Alors, le socialisme apparut à l'horizon avec ses promesses d'aplanir toute difficulté et de libérer la classe ouvrière de ses chaînes. Aussitôt un parti se forma dans tout pays parmi ce malheureux peuple, toujours prêt à saisir, comme le naufragé, la première planche de salut à sa portée, pour si faible qu'elle soit ; et le socialisme vit se ranger sous sa bannière rouge presque tous les cherche-travail et tous les mécontents parmi les masses du peuple.

« A little Knowledge is a dangerous thing » (1).

____

1) Un savoir superficiel est nuisible.

L'instruction du peuple par de libre-penseurs ne tarda pas à le démontrer, car elle vint augmenter le nombre des malheureux en leur enlevant la foi et en leur inspirant le désir de sortir des rangs du travailleur manuel pour s'élever avec leurs connaissances limitées à la hauteur des gens du monde, et tâcher même de les supplanter.

La liberté de la presse et de la parole donnèrent un libre cours à la propagande révolutionnaire. Le socialisme monta de jour en jour et le nombre de ses partisans s'accrût d'une manière inouïe. Des réunions furent organisées partout, où l'on débita des discours incendiaires contre les gouvernements, le clergé et les capitalistes. Cela fit bientôt de ce parti conspirateur et international un parti très important et très dangereux.

Mais, les mondains en général, avec leur insouciance habituelle, cette funeste insouciance qu'ils montrèrent toujours, même à la veille des grandes révolutions, n'en firent pas le moindre cas. Et aujourd'hui encore, quoique au bord de l'abîme, ils ont les oreilles bouchées et n'entendent pas le cri du peuple ; ils ont les yeux bandés et ne voient pas les malheureux à leurs portes. Ils s'amusent ; ils causent, ils rient, ils chantent, ils dansent, sans songer à porter remède au chômage, aux maux des masses, dont on leur fait un crime.

— La misère, fi donc ! s'écrient-ils, c'est lugubre, cela ne peut exister. Le peuple se plaint toujours, mais au bout du compte ce n'est que le peuple. Ainsi parlait aussi la malheureuse Marie-Antoinette à qui ce même peuple trancha la tête.

— Et le socialisme ?

— Comment, ce fantôme ? parbleu ! il n'a jamais été qu'un petit ruisseau.

Mais ces sages mondains se trompent encore, car, peu à peu le petit ruisseau grossissant devint fleuve, et ce fleuve alla rejoindre une mer orageuse qui menace aujourd'hui d'inonder la terre, de la submerger.

Il est vrai que les masses se plaignent toujours ; mais elles se plaignent avec raison. Quand le loup est à la porte et que l'ouvrier et ses enfants sont à la dernière extrémité, peut-on s'étonner s'ils jettent un cri de détresse, un cri de désespoir ?

— On ne meurt pas de faim le sourire sur les lèvres.

N'oublions pas que le malheureux peuple a beaucoup enduré et ne nous étonnons pas si à bout de patience il élève enfin la voix et réclame la justice. Il a été tenu en esclavage chez les anciens, il a été tyrannisé au moyen-âge sous la féodalité, quand la volonté des grands faisait loi, et plus tard sous le despotisme de quelques monarques il a souffert le martyre. De nos jours il gémit encore sous les coups de la misère, et c'est ce qui lui arrache des plaintes amères contre le capitaliste.

Un romancier célèbre, qui ne croit pas trop aux souffrances des travailleurs, censure leurs plaintes et taxe les ultra-socialistes de rêveurs. Il les appelle des poètes malades. Ne sont-ils pas plutôt des poètes très sains, ces derniers étant les vrais grands rêveurs?

Mais voyons ce que désirent ces poètes sains ou malades, en embrassant la cause des travailleurs, de ces hommes sans lesquels le monde serait un chaos. Veulent-ils améliorer leur sort, supprimer la guerre et le paupérisme, en un mot, rendre l'ouvrier et le laboureur heureux et contents ?

Si c'est ainsi, soyons d'accord avec eux ; inclinons-nous devant de tels sentiments et adoptons leur système merveilleux, sans pareil. Crions même avec ses philanthropes : Vive le socialisme !

Mais voici le revers de la médaille : Attaquer l'Eglise et l'Etat, s'emparer de la propriété du capitaliste, qui fait vivre le travailleur, anéantir la famille, révolutionner le monde, tout détruire, en un mot, devenir exterminateurs.

Voilà où nous ne sommes pas d'accord avec ces messieurs, car les remèdes seraient pires que le mal. Ce serait la ruine complète de tous. Telle fut finalement l'opinion de P. J. Proudhon après avoir étudié le socialisme à fond (1).

Les meneurs de ce parti ont de bonnes intentions, et quelques-unes des doctrines qu'ils propagent sont même très sages. La cause qu'ils plaident, surtout, est excellente, étant celle du déshérité. Mais il n'y a pas de doute qu'ils sont un peu rêveurs. Quelques-uns sont des savants ; mais, ils se trompent souvent eux aussi. Et ce n'est guère étonnant, car les érudits sont rarement des gens pratiques et la science même

---

(1) Voir sa correspondance avec Karl Marx en 1846.

a ses folies. Disons donc avec le grand fabuliste :

On a souvent besoin d'un plus petit que soi !

Il est évident qu'il faut redresser les torts dont le peuple souffre cruellement, mais sans occasionner pour cela un bouleversement social et politique, sans ruiner ceux qui, tant bien que mal le maintiennent, comme plus tard nous essayerons de l'établir. En attendant, demandons amicalement à ceux qui croient aux doctrines de Karl Marx, de Malon, de Jaurès, de Guesde de Bebel, de Hyndman, s'ils ne rêvent pas ?

Arborer tous le même drapeau ! Vivre sans Dieu, sans prêtre, sans maître ; s'asseoir tous à la même table ; s'entre-partager les fortunes du monde entier ; rester toujours prolétaire ; ruiner le capitaliste, — par conséquent s'appauvrir au lieu d'améliorer son sort ; avoir tout en commun ! ce qui équivaut à ne rien posséder. Est-ce réalisable dans ce siècle de civilisation, ou plutôt est-ce désirable ?

Les socialistes répudient toute idée de communisme ; mais, étudiez la question sociale à fond et vous verrez qu'il n'y a qu'un pas entre le socialisme et le communisme, vu que les parti-

sans de ces deux systèmes veulent le collectivisme, le prolétariat à perpétuité, l'athéisme et
l'anéantissement de la famille.

Des deux côtés ils propagent—attaquer la propriété. Donc, entre l'Association, la Réciprocité
et le Communisme il n'y a pas de différence
qui vaille la peine d'être notifiée. Or, s'il était
possible de partager demain entre tout le
monde toutes les fortunes de la terre, rendant
ainsi les hommes égaux sous ce rapport, les
chefs du parti socialiste, s'il tombaient un jour
du haut de leur piédestal, comme cela se pourrait, ne seraient-ils pas les premiers à se plaindre avec amertume d'un bouleversement, par lequel chaque individu, possesseur d'un bien en
serait privé et forcé de se suffire à lui-même,
afin que l'égalité soit parfaite?

Labourer la terre, bâtir, faire sa propre cuisine,
frotter le parquet, cirer ses bottes, car c'est à
quoi l'égalité nous réduirait, et pour toute fortune posséder l'importante somme d'une cen-
taine de francs, dont on ne pourrait pas disposer à son gré, puisqu'il serait interdit de rien
léguer aux siens !

Comment vivre sous un système pareil?

Comment se contenter de cette misérable pilance? Cependant c'est ce qui reviendrait à chacun après le funeste partage des capitaux, qui, en appauvrissant le riche rendrait le pauvre plus pauvre encore, puisqu'il n'y aurait plus ni emplois, ni employeurs, la terrible guerre internationale ayant tout détruit. Il n'y aurait même pas de pain pour les malheureux vainqueurs devenus victimes de leur propre folie.

Rappelons au lecteur les plaintes adressées au féroce Robespierre, au temps de la Terreur, sur le manque de pain et de viande et sur le prix exorbitant des vivres en général; plaintes qui l'inquiétèrent fort et lui arrachèrent des exclamations de surprise du haut de la tribune, d'où il haranguait le peuple.

— Comment! s'écria-t-il, n'y aurait-il pas moyen d'obtenir du pain pour ces citoyens; et un morceau de viande, au moins une fois par semaine?

Quant à lui, comme on sait, avec son tempérament bilieux et anémique il n'avait jamais d'appétit et ne mangeait presque pas, se nourrissant souvent d'oranges qu'il portait avec lui et qu'il mangeait quelquefois en public. Peut-être espérait-il trouver dans le jus de ce fruit délicieux un calmant à son état d'excitation haineuse qui le porta à faire fonctionner si souvent cette terrible guillotine qui finit par lui trancher la tête.

Mais revenons aux socialistes. Ils ne se disent pas que pour chaque riche il y a bien des pauvres et que par conséquent le partage ne servirait à rien. Il ne leur vient pas à l'idée que la destruction de la propriété représenterait des sommes colossales jetées aux vents. Ils ont cependant le triste exemple des événements de 1893 à Chicago, quand les grévistes détruisirent en quelques heures, rien qu'en wagons de chemins de fer, pour la valeur de 6 millions de dollars (à peu près 30 millions de francs) et incendièrent plusieurs des plus beaux édifices de cette ville, ce qui augmenta leurs souffrances, car il y eut un grand nombre de blessés et de morts, et plusieurs de ces grévistes furent condamnés aux travaux forcés.

Et dire qu'il y a des visionnaires qui s'imaginent que le socialisme pourrait succéder au régime actuel sans une révolution sanglante, sans troubles—même tout paisiblement. Demandons-leur si dans l'histoire des peuples il y a un seul exemple d'un cas pareil. A-t-on jamais ouï-dire qu'il y a eu des gens qui se sont laissé dépouiller complètement sans défendre leur droit les armes à la main?

Or, si le paysan et l'ouvrier voulaient réfléchir mûrement quand les chefs socialistes leur disent: « Soyez avec nous et vous posséderez la terre; soyez avec nous et vous serez les maîtres de l'usine », ils verraient que ces messieurs se trompent dans leurs calculs et ils ne seraient pas si prompts à prendre part à cette révolte.

Malheureusement ils ne réfléchissent point. Ils ne s'arrêtent pas à la pensée qu'il y aurait moyen de faire le bonheur du peuple sans qu'il devienne collectiviste et sans lui imposer de durs sacrifices. Oui; en étudiant cet important problème social on découvre que procurer le bien-être aux masses est praticable, et cela sans troubles, et en ne privant ni les uns ni les autres de leurs droits.

Et n'est-ce pas une étude bien plus utile à faire que celle de la vie des fourmis ou des singes, ou que celle de la découverte de la mélinite ou de l'engin exterminateur de Turpin et de tant d'autres? C'est ce que nous désirons prouver en exposant un système qui participerait du régime actuel et de celui que préconise le socialiste.

Bien des hommes de haute intelligence, de nos

jours sans être socialistes ont penché de leur côté ; entre autres, Victor Hugo. John Bright, le brillant orateur anglais et l'ami du peuple avait lui aussi, des idées très avancées, ainsi que le célèbre politicien M. Gladstone « The grand old man » mais, pas celles de la rébellion et du pillage.

Massillon, Bourdaloue, Bossuet et Fénélon péniblement touchés, eux aussi, de la souffrance des masses tentèrent d'améliorer leur sort en écrivant et en prêchant contre la cruauté et la tyrannie des grands, mais ils ont prêché dans le désert. Saint Vincent de Paul, Charles Quint, vers la fin de sa vie, Saint Antoine de Padoue et bien d'autres âmes d'élite étaient tout aussi frappés de l'extrême misère devant le superflu, qui a subsisté de tout temps, que le sont de nos jours les socialistes. Mais, ils ne proposaient pas pour palliatifs l'appropriation du bien d'autrui, l'extermination du capitaliste, un bouleversement total, une guerre dévastatrice, le collectivisme, le carnage, en un mot un retour à la barbarie primitive.

Ils auraient voulu pouvoir substituer à l'ordre social de leurs jours une nouvelle organisation. Mais, lorsqu'ils auraient trouvé cet élixir comment le faire accepter dans des temps où la liberté de la presse n'existait pas, et quand toute publicité d'idées avancées en politique ou sociologie était interdite.

Aujourd'hui il n'en est plus ainsi. Chacun est libre d'émettre ses idées. Et il y a même quelques chefs d'Etat qui sont d'avis qu'une réforme dans le système social est nécessaire et qui assurent que le socialisme a son bon côté. Mais il va sans dire, qu'ils ne peuvent approuver le mouvement révolutionnaire, car dans l'hypothèse du triomphe du parti socialiste ils seraient, comme la société en général, dépossédés de tout.

Observons ici, que pour vivre heureux sous un régime collectiviste il faudrait que l'homme ne fût pas ce qu'il est. Il faudrait le dépouiller de son ambition, le guérir de son inconstance. Il faudrait le rendre laborieux, doux, humble et patient, puisqu'il aurait à subir de rudes épreuves.

Et comme cette régénération de la race humaine, n'est guère possible, les peuples vivraient en luttes continuelles, comme les sauvages. Une égalité parfaite de conditions et le collectivisme dans le monde entier ! Quant à la liberté elle n'existerait pas, puisque la propriété serait supprimée.

Tous égaux, tous sans aspirations et avec la même conformité d'idées. Tous sans foi, sans chef, sans législation, sens police. Tel est le beau rêve du collectiviste. Chacun à la merci de tous ! en un mot, le monde sens dessus dessous et cela pour le bon plaisir de quelques rêveurs et pour le prétendu bonheur du peuple !

Or, ce rêve doré ne semble-t-il pas plutôt un cauchemar qui aboutirait à la guerre civile ?

Cependant, on nous assure que la fraternité des peuples et le contentement général seraient les fruits de cette organisation merveilleuse. C'est de la philosophie, dit-on. Si c'est ainsi, elle manque de logique cette philosophie, qui est contre les lois de la nature, vu que dans la nature, il n'y a pas de conformité. Rien n'est complètement semblable sur la terre ; ni deux animaux, ni deux arbres, ni deux plantes, ni deux fleurs, ni deux fruits.

Or, la race humaine ne fait pas exception à cette règle. Les hommes ne se ressemblent guère, ni au physique, ni au moral. Leurs forces, leur intelligence, leur tempérament sont tellement divers, qu'il serait impossible qu'ils eussent tous les mêmes idées, les mêmes sentiments, les mêmes opinions politiques et sociales,

les mêmes goûts, la même fermeté de caractère, le même amour du travail. Non ; ils n'ont en commun que trois sentiments : la conservation, l'amour et l'ambition. Ces trois sentiments sont innés· chez l'homme.

Et comment être heureux sous un système qui, au nom de la liberté, tiendrait ses partisans en esclavage, puisqu'il leur serait interdit de donner un libre cours à leurs idées ; un système sous lequel ils ne pourraient ni devenir propriétaires, ni léguer quoi que ce soit à leurs enfants, ni sauvegarder leur vie contre le poignard de l'assassin, puisqu'il n'y aurait ni lois, ni police, ni autorité convenables, ce qui n'empêcherait pas cependant les inimitiés d'exister. Et comment étouffer chez les peuples le sentiment de l'amour et de l'ambition ?

N'y aurait-il pas des mécontents parmi tout ce monde, des gens volages, comme il y en a toujours eu ici bas, qui regretteraient un jour l'ancien système social, le régime monarchique ou républicain et qui voudraient y retourner ? N'y aurait-il pas des haines, des querelles, des luttes, des révoltes, des massacres ?

Et admettant ces circonstances comment mettre fin à tous ces troubles sans lois, sans polico ? De plus il est dans la nature de l'homme d'aimer ses enfants et rien ne saurait enrayer ce digne et noble sentiment. On aurait beau vouloir y substituer l'amour de l'Etat, il existerait toujours au fond du cœur paternel ; mais au lieu d'être une source de joie, comme par le passé, cet amour serait accompagné d'une poignante douleur — celle de ne pouvoir rien léguer aux siens — ce serait bien le tourment de la vie du père de famille.

Il y a encore, que sujet à ce régime l'homme deviendrait paresseux et débauché. On s'efforcerait en vain de le faire travailler assidûment pour l'Etat, devenu dépositaire et héritier de ses épargnes, gagnées à la sueur de son front. L'altruisme rêvé par le socialiste ne lui viendrait pas en aide, parce qu'il n'existe pas, et dût-on le prêcher à l'enfant dès ses plus tendres années, jamais on n'arriverait à le faire naître. On aurait beau tâcher de suivre à la lettre le programme collectiviste et élever les jeunes gens dans ces principes-là ; sitôt élevés, ils se révolteraient contre un système pareil.

D'ailleurs, que serait ce tout puissant Etat, sinon un maître des plus absolus, un tyran possesseur d'un monopole énorme dont il ferait usage à son gré, car c'est vouloir une transformation complète des lois de la nature que de s'imaginer qu'il serait toujours d'une probité proverbiale, en un mot, impeccable. Les beaux jours de Sparte et de Rome ne sont plus qu'un souvenir de l'antiquité, et les lois de Solon et de Lycurgue et le système de Platon ne sont guère en rapport avec le progrès et la civilisation actuels. Il y a peu de Fabricius de nos jours et encore moins de Catons ! et comme le dit sagement M. Ch. Gide : « Bien imprudent qui fera reposer l'avenir économique d'un pays sur les épargnes de l'Etat. »

Mais voilà une question sur laquelle les habitants de cet Eldorado en Afrique pourront parler en maîtres d'ici quelques années.

Quant à la petite république socialiste établie au Paraguay sous le nom de Nouvelle Australie, nous en avons eu de bien tristes nouvelles. Il paraît que ces Messieurs ont découvert à leurs dépens que sous le système collectiviste l'homme laborieux se voit forcé de travailler pour maintenir le paresseux. De là une révolte, des luttes qui ont forcé le fondateur de la commune à s'ériger en juge et à organiser une police, malgré son horreur de toute autorité, et aujourd'hui la colonie est réduite à 130 personnes.

Cependant, comme, il a déjà été dit, le socialisme a son bon côté, la philanthropie, que d'aucuns ont surnommée, à tort, la fausse monnaie de la charité, au lieu de sa sœur cadette. Il est dans le cas de ces œuvres littéraires, dont parle un grand écrivain qui, tout en étant condamnées possèdent un certain mérite. N'oublions pas que les socialistes sont venus réveiller les esprits endormis et mettre au grand jour l'oppression du travailleur et ses souffrances imméritées. La Paix Perpétuelle, par exemple, les Trois-Huit, la Retraite ouvrière, et quelques autres projets socialistes sont fort sages et il est bien à désirer qu'on les réalise le plus tôt possible afin de diminuer les griefs du peuple, ces griefs qui le font murmurer, gémir et se révolter.

Écoutons donc ces cris plaintifs dans le lointain parmi les masses et hâtons-nous d'y mettre fin, en nous souvenant, que la voix du peuple est souvent la voix de Dieu : « Vox populi vox Dei. »

CHAPITRE VI

DE LA PAIX ET DE LA FRATERNITÉ DES PEUPLES.

La paix a pour résultats la tranquillité publique, la diminution des impôts — donc celle des griefs du peuple — la prospérité du commerce et de l'industrie, en somme, le bien de la patrie. C'est la question la plus importante de nos jours. Tâchons donc de convaincre nos opposants de l'utilité d'embrasser des idées pacifiques, et travaillons à cet effet assidûment et avec énergie et perspicacité. Surtout ne nous laissons pas abattre par les arguments de ceux qui sont en faveur des forces armées, et qui optent pour la guerre, déclarant que tout projet de pacification internationale est chimérique.

Le temps prouvera qu'ils se trompent et que ce projet n'a pas d'infranchissables barrières. Il est évident que la tâche est ardue puisque

les obstacles ne manquent pas et qu'ils sont difficiles à surmonter. On ne peut certes pas atteindre du jour au lendemain ce but tant désiré par
les gens paisibles et humanitaires ; mais peu à
peu, par phases progressives, et sans luttes ni
manifestations turbulentes, on y arrivera.

Les partisans de la paix sont nombreux aujourd'hui. Il y en a dans tous les pays, parmi
toutes les classes du corps social et dans toutes
les croyances. L'Alliance des femmes pour la
Paix fondée à Paris par la princesse Wiszniewska
et dont le 1er Congrès eut lieu dans cette capitale
à l'Exposition de 1900 sous sa présidence, (1)
compte à elle seule plus de 5 millions de membres qui ne sont pas seulement des agents pacificateurs, mais des éducatrices et ont comme
mères de famille et épouses une influence illi-
mitée dans le foyer domestique. Et en inspirant
à leurs enfants dès leur plus tendre jeunesse l'a-
mour de la paix et l'horreur de convoiter chez
l'étranger ce qui lui appartient de droit, elles
parviendront, avec le temps, ou du moins elles
contribueront largement à faire fraterniser les
peuples.

------

(1) L'auteur fit un discours contre la Guerre à ce Congrès.

Comme preuve de l'influence maternelle, faisons ici mention d'une femme du monde de haute intelligence et très vertueuse qui a su inspirer à ses enfants une grande aversion pour le jeu et n'a jamais consenti qu'ils aient des cartes ; ce qui eut pour heureux résultat qu'aucun d'eux ne devint joueur. Or, si une mère peut obtenir par une éducation très soignée un tel résultat, pourquoi n'obtiendrait-elle pas que ses enfants aient une aversion pour les luttes armées ?

Réjouissons-nous donc, nous autres pacificateurs, car ces mères de familles, si elles travaillent avec courage, persévérance et énergie à cette excellente œuvre verront un jour, leurs efforts couronnés de succès.

Alors, leurs fils renonçant avec altruisme à l'amour effréné pour le gain et le pillage, et à la fausse gloire des conquêtes, ne prendront jamais les armes, et béniront leur mère de leur avoir inspiré d'aussi nobles sentiments.

D'ailleurs, la femme a toujours exercé plus ou moins d'influence sur le sexe fort et à diverses époques, alors que ses facultés intellectuelles étaient peu développées par manque d'instruction, alors qu'elle était soumise au joug masculin au point d'être presque une esclave, elle s'est parfois prévalue de cette influence sur l'homme pour le rendre clément envers ses ennemis, comme le prouve la conduite généreuse de l'épouse d'Edouard III d'Angleterre.

Parfois aussi cette influence étant mauvaise a été cause de crimes atroces, tels que ceux commis en France par Charles IX à l'instigation de la cruelle Catherine de Médicis. Il y a encore, que des batailles ont souvent été le triste résultat de l'ascendant de la femme sur l'homme, car autrefois pleine d'enthousiasme et d'admiration pour ceux qui triomphaient de leurs ennemis, elle croyait voir dans ces cruels guerriers d'incomparables héros, et animée par une fausse idée de gloire et d'héroïsme les excitait à la guerre, et fêtait et acclamait les conquérants de luttes barbares.

Or, puisqu'elle a été si influente dans des temps reculés et sous de si pénibles circonstances, pourquoi ne le serait-elle pas doublement aujourd'hui, munie, comme elle l'est, de trois armes puissantes : l'instruction, la sensibilité et l'expérience, et n'étant plus tenue, comme par le passé sous une domination humiliante ? Il y a donc tout lieu de croire, qu'elle s'efforcera chaque fois davantage à pacifier les esprits, à propager la concorde et qu'elle contribuera ainsi largement à mener à bonne fin le beau projet humanitaire de la Paix.

Ne soyons pas féministes, ne luttons pas pour les Droits de la femme. Au contraire, censurons ces folles idées qui sont d'une outrecuidance à toute épreuve. Aspirer à la magistrature, vouloir être avocate, juge d'instruction, ou bien député, diplomate, ministre d'État ; en somme, vouloir accaparer le rôle de l'homme, et obtenir ce qui est au-delà du domaine de la femme ! Quoi de plus baroque, quoi de plus cocasse même !

Mais, si par la parole et la plume, la femme veut faire la guerre à la guerre, aider à convoquer de nombreux congrès à cet effet dans tout pays, et inspirer à ses enfants des sentiments nobles et une aversion profonde pour les batailles et les invasions de territoire ; si elle veut leur inculquer non seulement l'amour de la justice, de la famille et de la patrie, mais celui de l'étranger, acclamons-la ; car elle fera une œuvre méritoire sans sortir de son rôle d'épouse dévouée et de tendre mère.

Et tâchons par tous les moyens possibles de faire fraterniser les peuples, car la haine de l'étranger n'est pas seulement un sentiment bas et cruel, mais elle finit par faire appel aux armes et par inspirer l'amour des combats. Mais pour atteindre ce but si louable, n'oublions pas qu'il faut avoir des idées larges et généreuses et faire opposition à certains journaux chauvins qui plus ou moins dans tout pays dénigrent si indignement les étrangers, entretenant ainsi l'animosité et la discorde parmi les peuples.

Oui, opposons-nous à tout sentiment haineux et rétrograde, indigne de notre époque, et loin de détester l'étranger, allions-nous à toutes les nations civilisées, et si c'est possible, même à celles qui ne le sont pas, et en imitation des Américains du Nord, unissons-nous tous dans notre quartier du globe et établissons-y « les Etats Unis de l'Europe » ou disons plutôt; « L'Alliance Européenne » et cela sans changer de régime gouvernemental dans aucun pays. Laissons les monarques sur leur trône et les présidents sur leur siège présidentiel.

N'évoquons plus des souvenirs rancuniers, oublions toute animosité, concilions-nous avec les socialistes, et avançons ainsi à grands pas vers un avenir doux, prospère et tranquille.

Soyons surtout indulgents et hospitaliers et voyageons davantage afin d'acquérir une parfaite connaissance pratique des mœurs et des usages des divers peuples. Appliquons-nous à voir dans ces peuples des amis et non des ennemis. Optons tous pour le système de l'arbitrage, faisons partout et toujours l'apologie des sentiments pacifiques et contribuons à l'expansion de congrès pour leur développement.

Alors, pénétrés de cet esprit de tolérance, de conciliation et d'humanité qui seul peut lier les nations entre elles, on se prêtera la main d'un bout du monde à l'autre et de commun accord on établira la Paix et on arrivera à la Fraternité des Peuples.

CHAPITRE VII

De la liberté et de la paix

La liberté existe-t-elle pour le miséreux ?
Non, sûrement; car dépourvu du nécessaire
l'homme vit dans un état d'esclavage. Il dépend
de tout le monde, mendie son pain et devient
un paria. Les travailleurs eux-mêmes ne jouissent que médiocrement de la liberté. Ils ont, il
est vrai aujourd'hui, dans certains pays, quelques privilèges politiques ; mais voilà tout. On
leur dit que tous les hommes sont égaux devant la
loi, mais, en est-il ainsi ? — N'y a-t-il pas à cette
égalité des brèches qu'il faudrait combler ?

Les lois ne sont-elles pas défectueuses, puisque tout en interdisant le vol, elles ne protègent
pas le pauvre contre l'absolutisme du riche qui
l'exploite ? Quand on emprisonne le petit voleur
et que le grand se promène en carrosse ; quand

l'Etat accable le pauvre d'impôts, tandis que l'opulent en est presque exempt, comme il arrive chez bien des peuples ; comment ne pas croire qu'il y a beaucoup à redire dans cette législation et ce système fiscal appelés équitables et égalitaires ? Comment ne pas être péniblement touché de cette noire injustice qui fait que le riche seul jouit d'une pleine liberté, dont il fait presque toujours bien mauvais usage ?

Et dire que toutes les néfastes révolutions et guerres civiles, toutes les têtes tranchées, tout le sang répandu à flots et qu'on a dit être pour la juste cause de la liberté, et pour le bonheur des masses n'a jamais servi à rien et que les riches sont, pour la plupart, chaque fois plus arrogants, plus égoïstes, plus avares, plus absolus. Cela prouve à évidence que loin d'avoir recours à la Révolution Violente préconisée par les collectivistes pour faire rentrer le peuple dans ses droits, il faudrait établir la Paix générale par le dégrèvement de tout contribuable pauvre aux dépens du riche, sans ruiner ce dernier cependant, ni supprimer la propriété ; et obtenir d'autres grands privilèges pour le travailleur, afin qu'il ne soit ni à la merci du capitaliste ni à celle de l'Etat, en somme, il faudrait corriger cette défectuosité qui existe dans le système fiscal et la méthode de l'administration judiciaire dans presque tous les pays.

Et pour y arriver, répétons-le, il ne faut ni le croulement de la société ni un changement de régime impérial, monarchique ou républicain, ni la transformation totale du système de l'ordre social existant, mais des réformes et une conciliation avec le parti socialiste. Dernièrement on a fait quelques réformes, en divers pays, mais il faudrait en faire bien d'autres encore, corriger les abus, créer de nouvelles lois pour équilibrer les fortunes et cela par phases progressives, par évolution, et non par révolution. Alors le peuple serait vraiment libre et la Paix triompherait.

CHAPITRE VIII

Du luxe et de l'usure

Il y a un grand nombre de petits rentiers qui dépensent tout leur avoir en objets de luxe et en fêtes. Voulant rivaliser avec ceux qui possèdent de grandes fortunes, ils se privent souvent du nécessaire pour satisfaire à ce goût désordonné pour le faste et les grandeurs, et finalement sont obligés, pour vivre, de mettre en gage tout ce qu'ils possèdent. Ces gens-là comme les joueurs laissent à leur mort leurs enfants dans la gêne.

C'est une folie dont les riches industriels et commerçants profitent largement. Quant aux petits, ils ne gagnent presque rien avec cette agglomération d'objets de luxe et avec ces fêtes. Cependant, il ne faut pas croire, que tout luxe est ruineux. Non ; un certain luxe est nécessaire

chez le riche et fait vivre beaucoup de monde et
s'il n'existait pas, il y aurait bien des arts,
bien des métiers inutilisés et le nombre des
sans-travail augmenterait du double.

Or, il y a de l'analogie entre ce luxe et ce
qu'on appelle, souvent à tort, de l'usure. Quelques économistes ont dit, et il se peut, avec raison, qu'on exagère la méchanceté des prêteurs
d'argent à intérêt. Ils ne sont pas tous usuriers,
et s'il y a, parmi eux, de grands fripons qui ruinent leurs clients, il y en a aussi qui sont d'honnêtes gens. Ceux, par exemple, qui prêtent de l'argent à un gros intérêt pour une grande entreprise n'exploitent pas l'entrepreneur, quand ce
dernier fait une affaire hors ligne, car le prêteur
court toujours un certain risque. D'ailleurs, il
y a bien des industries qui ne pourraient pas
exister sans la contribution du prêteur, donc
bien des gens énormément riches, qui ne le
seraient jamais devenus sans son puissant appui.

« Money makes money » (l'argent fait de l'argent) disent les Anglais, et on ne peut, en justice,
accuser en masse tous les prêteurs et les appeler
usuriers, ni condamner tout luxe comme ruineux. Il n'y a que les abus qui sont déplorables
et nous en reparlerons.

CHAPITRE IX

Le patron et l'ouvrier.

La dépendance entre patron et ouvrier est réciproque, mais les intérêts de ces deux hommes sont en exacte opposition, car le patron vise à retirer de son capital le plus possible et l'ouvrier à obtenir un haut salaire. Or, il arrive souvent que le premier est ambitieux, égoïste et opiniâtre ce qui rend le second paresseux et exigeant et aboutit à la discorde, souvent même à une haine implacable entre des gens qui ne peuvent se passer l'un de l'autre et qui devraient s'estimer mutuellement.

Le patron comme chef et l'ouvrier comme employé ont des devoirs réciproques à remplir. Ceux du premier consistent à donner un juste salaire à ses ouvriers, à leur accorder un intérêt dans les affaires, si ces affaires le permettent, à

6

ne pas les surmener, à leur venir en aide quand ils sont victimes d'un accident arrivé chez lui, en un mot, à les traiter amicalement. Les devoirs du second consistent à être actif, laborieux, prudent et à ne faire aucun tort au patron.

S'il y a lieu de plainte du côté de l'ouvrier, qu'il le fasse avec calme, sans jamais se révolter, et si l'affaire ne peut pas s'arranger à l'amiable entre le chef et ses employés, alors qu'on ait recours à un arbitrage, car les grèves n'affectent pas seulement le capitaliste mais le travailleur. Ce dernier fera bien surtout de fuir la société de tous ceux qui veulent le pervertir en l'excitant à se révolter contre son employeur.

Il n'y a pas de doute qu'ils ont tous deux leurs défauts ; mais il faut avouer, que le riche patron a presque toujours tort, car, à très peu d'exceptions près, il est orgueilleux et sordidement avare. Sa passion effrénée du gain le porte à vouloir trop de bénéfices et à surmener son monde qu'il ne paie pas suffisamment. De là ces plaintes, ce mécontentement, ces révoltes continuelles contre le chef qui finissent par ces grèves, si nuisibles à l'industrie et au commerce, et par suite desquelles, des milliers de malheureux travailleurs et leurs familles sont plongés dans l'affliction et privés de moyens d'existence.

Il est évident que le mauvais patron fait le mauvais ouvrier, tandis que la générosité du chef a rarement pour résultat l'ingratitude de l'employé. Voilà pourquoi il serait à désirer que les riches patrons fussent forcés par la loi, non seulement à bien rémunérer leurs subordonnés, mais à leur donner un intérêt dans les bénéfices de la maison. Cette mesure, loin de nuire aux industriels et aux commerçants, leur serait d'un grand avantage, comme le prouvent les maisons : le Bon-Marché et le Louvre à Paris, la Compagnie Métallurgique de France, la fabrique de canons Krupp en Allemagne et plusieurs autres. Ce serait juste aussi qu'ils contribuassent largement à une caisse d'épargne et à une agence de placement pour l'artisan, etc. (1).

Quant à l'industriel il devrait en conscience laisser à sa mort une partie de sa fortune à ses ouvriers, et en cas de décès à leurs descendants ; car s'il a fourni et risqué de l'argent, ces labo-

____

(1) Voir 2ᵐᵉ Partie.

rieux producteurs ont contribué à la réalisation d'une fortune, dont il n'aurait jamais été possesseur sans la coopération de leurs bras, et par conséquent, ils ont droit à une part de ce capital.

Par exemple, un richissime fabricant, qui meurt laissant 56 millions à deux héritiers, comme cela est arrivé tout dernièrement, ne pourrait-il pas léguer 14 millions à ses ouvriers sans pour cela faire tort aux siens ? Deux personnes jouissant d'une fortune de 21 millions chacune, ne sont-elles pas assez riches ?

Et ce n'est pas seulement l'industriel qui est égoïste, mais le commerçant et l'agriculteur, car ils veulent tout accaparer. Or, une loi qui les forcerait à faire ces legs serait une loi bien salutaire, car elle équilibrerait un peu les fortunes, chose bien nécessaire aujourd'hui. Elle mettrait à l'abri du besoin des milliers de travailleurs, procurerait de l'ouvrage au sans-travail et aiderait ainsi à supprimer la misère.

Et maintenant, parlons ici de l'indigne procédé de certains riches patrons, marchands et boutiquiers. Que de gens sont employés par eux à la tâche, pour confectionner des objets de toilette de tout genre, et qui travaillant 15 ou 16 heures par jour n'arrivent même pas à pouvoir se nourrir. Il y a un grand nombre de commerçants qui s'enrichissent ainsi partout. La presse anglaise en a beaucoup parlé sous le titre de : « The Sweating system » et les affreux détails de ces rapports étaient navrants.

S'enrichir aux dépens des poignantes souffrances d'autrui ! Quoi de plus cruel, quoi de plus barbare ! Et dire que cela se fait au centre de la civilisation européenne au XXᵉ siècle, et qu'on ne songe pas à mettre fin à ces honteux abus par des lois draconiennes !

Mais, il faut être impartial, et par conséquent faire mention aussi du petit capitaliste honnête et honorable qui ne peut pas toujours satisfaire aux exigences de ses employés, étant lui-même parfois dans la gêne. Nous avons entendu un industriel à Londres parler sur ce sujet quand ses ouvriers voulaient se mettre en grève.

— Si je leur donnais, ce qu'ils me demandent, dit-il, je serais ruiné, car les frais emporteraient tout.

Or, cet homme avait raison, vu qu'il retirait très peu de son capital. Que l'artisan donc approfondisse la question et il découvrira que ce ne sont pas tous les patrons qui ont tort. On ne peut guère les blâmer en masse, et d'aucuns exagèrent la situation, comme nous allons tâcher de l'établir.

Rien ne se fait sans l'argent, promoteur de toute production et c'est le patron qui le fournit ; par conséquent c'est lui qui est astreint aux risques de la concurrence, et entre les acheteurs qu'il faut contenter et les ouvriers qu'il faut payer, souvent selon leur gré, la tâche, dans le cas du petit capitaliste, n'est pas facile. Or, il va sans dire qu'étant à la tête de son industrie, l'entrepreneur a droit aux intérêts du petit capital employé, et il est loin d'être dans le cas du riche capitaliste dont la libéralité devrait être grande envers ses ouvriers.

Il risque son avoir et il se fatigue aussi, car il dirige les affaires, et le travail de tête, qui semble à l'artisan peu fatigant et de peu d'importance, épuise bien autrement que le travail manuel. Ajoutez-y que certaines industries demandent des études fort difficiles et fort dispendieuses avant de pouvoir les entreprendre, et l'homme que la science acquise a précocément vieilli, et qui, à force de sacrifices se trouve enfin à la tête d'une industrie pareille, cherche, avant tout, à récupérer les sommes que ces études lui ont coûtées.

Il a des contretemps, des pertes, des ennuis, et l'anxiété provenant de l'incertitude du succès de ses affaires, surtout dans les commencements, quand il se voit aux prises avec mille difficultés est bien plus grande qu'on ne se l'imagine. Il n'est donc pas sans souci, ce patron, taxé d'exploiteur, et il arrive souvent, que ses griefs surpassent ceux de ses employés. S'il fait faillite, comment trouver les moyens de recommencer la lutte ? Combien d'hommes meurent de chagrin à la suite d'un malheur pareil ! Combien de ces infortunés se voyant ruinés et entourés d'une nombreuse famille se sont suicidés dans un moment de désespoir! Il faut donc avouer qu'ils ont leurs souffrances, ces gens-là et sont souvent bien à plaindre ; et Proudhon et Karl Marx ont eu tort en affirmant que tous les patrons, tous les entrepreneurs étaient des voleurs.

Mais revenons au travailleur. Il gagne de l'argent sans rien risquer et s'il est bien rémunéré pour son travail, s'il a des gratifications, s'il est prévoyant, il peut vivre sans dettes, et avec des réformes, dont nous parlerons plus loin, il pourra amasser des économies pour les moments de chômage ou de maladie et devenir lui-même, avec le temps, capitaliste et propriétaire. Il n'y a pas de doute que sa position pourrait être meilleure ; mais la concurrence commerciale et industrielle ne pèse pas sur lui ; il n'en souffre qu'indirectement et si le patron fait faillite, ce malheur ne l'atteint pas directement non plus. Il ne doit donc exiger du tout petit employeur que la journée de huit heures, un salaire raisonnable et ne pas être surmené. Quant aux autres avantages, si nécessaires à son confort, il doit s'attendre à les obtenir par des réformes.

En réfléchissant, il découvrira que depuis près d'un siècle son sort s'est amélioré de beaucoup. Il gagne davantage, et il a presque tous les nécessaires de la vie, quoique bien trop chers encore, à meilleur marché qu'autrefois. Espérons donc qu'avec des modifications salutaires dans le système actuel, son bien-être ne tardera pas à être assuré. Alors patron et ouvrier vivront contents, et ce dernier n'aura plus à se plaindre des souffrances aiguës et imméritées du chômage.

CHAPITRE X.

DE L'ÉCONOMIE POLITIQUE ET DES IMPOTS EN GÉNÉRAL.

Rien de plus difficile, de plus complexe que l'étude de l'économie politique, de cette science qui n'est rien moins qu'infaillible. Il serait bien à désirer qu'on pût se passer d'impôts, mais ce n'est guère possible ; et savoir au juste quel est le bien et le mal qui en résultent a de tout temps intrigué les hommes d'Etat les plus illustres et les meilleurs financiers. Mais, comme il y a des économistes tels que Turgot, Thiers, Prévost Paradol, Ricardo, Stuart Mill, Malthus, Leroy-Beaulieu, Fawcett et bien d'autres encore qui ont approfondi cette question dans des chefs d'œuvre, nous développerons ce sujet le plus brièvement possible.

D'aucuns sont d'opinion que l'impôt direct loin de sauvegarder le peuple produit l'effet contraire, car le riche se voyant très taxé, fait des économies nuisibles à la classe laborieuse. La contribution du luxe rend très peu, disent-ils, et elle atteint certaines industries, qui sont le gagne-pain du pauvre : et trop taxer la terre, c'est faire renchérir le pain, accabler l'agriculture, ruiner le petit commerçant, dont le concours est indispensable à l'ouvrier. et il faut mettre tout cela dans la balance.

Thiers dans son ouvrage « De la Propriété » nous dit qu'au temps de la grande révolution en France, on abolit beaucoup d'impôts indirects, qui sont ceux qui portent sur les consommations et la situation empira et que Napoléon Ier prit le parti de les rétablir et parvint ainsi à équilibrer ses finances. Selon lui, diminuer l'impôt indirect pour augmenter l'impôt direct n'est pas un moyen assuré d'améliorer le sort des classes pauvres aux dépens des classes riches.

Mais, cet homme célèbre, en parlant ainsi ne s'est sûrement pas arrêté à l'idée que l'impôt direct n'a jamais été lourd ni strictement recouvré ; de là le peu de profit qu'on en retire. Les riches savent fort bien s'y soustraire et il faudrait trouver le moyen de les forcer à payer cette taxe à un taux minutieusement en rapport avec leurs vastes hôtels et châteaux et avec le luxe, la pompe et le faste déployés.

Equilibrer les impôts directs et indirects ; augmenter là et diminuer ici ; disons plutôt, abolir complètement ces derniers, dans le cas du pauvre serait juste ; car soulager le riche au détriment du deshérité est un système inique et comme l'a dit si bien Montesquieu : « Taxer le nécessaire, c'est détruire ». Combien d'insurrections n'y a-t-il pas eu à diverses époques à cause de l'injustice criarde des impôts ; une des plus mémorables étant celle du « Poll Tax » au XIVme siècle dans la Grande Bretagne sous Richard II.

Les Katheder-socialisten (socialistes de la chaire) ou socialistes-chrétiens (1), selon M. de

------

(1) Cette dénomination est âcrement censurée par quel-ques catholiques. Cependant, il nous semble que ce terme est fort approprié, car celui qui s'occupe de réformes sociales est nécessairement socialiste, quelles que soient ses opinions là-dessus, et le moyen de distinguer les croyants des libres-penseurs et collectivistes est de se servir du mot chrétien pour les premiers. C'est précisément le cas des gens de lettres, qui, s'ils sont chrétiens ou athées, s'ils écrivent de bons ou de mauvais livres sont désignés sous le nom générique de littérateurs, d'écrivains ou d'auteurs, et si on veut les distinguer les uns des autres on y joint le mot chrétien ou

Lavelaye, reprochent aux économistes orthodoxes de s'être renfermés trop exclusivement dans les questions qui touchent à la production de la richesse, et d'avoir négligé celles qui concernent la répartition et la consommation. En effet ils disent fort peu à ce sujet. Cependant rien de plus dur, de plus cruel que ces impôts indirects, payés non seulement par les classes laborieuses, mais par les indigents et cela au même taux que les riches.

Comme tout le monde ces malheureux, ne peuvent d'aucune manière se passer de pain, de sel, d'huile, de charbon, de bois, de chandelles et d'une infinité d'autres articles que nous ne pour-

---

athée. Pourquoi donc ne pas faire de même quand il s'agit de socialisme ?

Auteur-chrétien et auteur-athée sont des périphrases classificatives et pour les remplacer il n'y a pas de terme technique. Mais on pourrait, direz-vous, dans ce cas-ci substituer au mot socialiste celui de sociologue ou démocrate, mais comme le premier est plus explicatif et semble rapprocher mieux les deux partis adverses, il est préférable d'en faire usage. D'ailleurs, il y a un rapport entre les bons chrétiens et les socialistes — celui de l'amour du prochain, et fraterniser avec eux autant que possible, comme les radicaux ont fait en Italie et les catholiques au Congrès de Zurich, est le meilleur moyen d'arriver à une conciliation — précurseur de la paix universelle.

rions énumérer ici, et qu'ils devraient avoir libres de toute contribution. Il est vrai que ces impôts ne sont pas lourds, mais, pour l'infortuné mendiant qui en est frappé, un liard même est lourd.

De plus, dans quelques pays de l'Europe centrale il y en a qui ne sont pas si légers ; tels sont ceux sur le thé, le sucre, les bougies, etc. Dire qu'en Angleterre, par exemple, on a un kilo de sucre ou de thé et un paquet de bougies presque pour le tiers de leur valeur sur le continent. Mais on vous dit qu'on ne peut certainement pas alléger ces contributions davantage. Or, nous démontrerons qu'on pourrait même les abolir.

Il y a encore, que les travailleurs et les malheureux paient les consommations bien plus cher que les riches ; car ceux-ci peuvent les acheter par grandes quantités, tandis que ceux-là se voient contraints de le faire en détail. Ainsi la classe aisée et les opulents font leur provision de charbon par tonnes, ce qui est d'un grand avantage pour eux, tandis que les pauvres se voient forcés d'acheter par 2 ou 3 kilos, et par conséquent, le paient très cher. La même chose arrive avec le bois, les bougies et tout autre consommation ; en sorte que le commerçant gagne presque le double en vendant au détail au peuple, et encore lui donne-t-il tout ce qu'il y a de plus ordinaire, de plus mauvais, pour le remercier, peut-être, de consentir à cette extorsion.

Mais, revenons aux droits exagérés du fisc. Il y en a qui sont une atteinte à la liberté et qui font du travailleur un esclave. Par exemple, empêcher le malheureux pêcheur de puiser de l'eau à la mer pour saler sa soupe et éviter ainsi la dépense du sel et la taxe sur cette denrée, en est une.

Alphonse Karr nous assure avoir vu de ses propres yeux un préposé de la douane avec une défense écrite, forcer une jeune fille à reverser à la mer une bouteille d'eau, qu'elle y avait puisée. Cette défense cruelle et despotique n'existe peut-être plus ; mais il y en a bien d'autres semblables. Citons en une : Dans un pays du midi de l'Europe où les allumettes sont un monopole de l'Etat il est expressément défendu d'employer le briquet pour faire du feu ou pour allumer sa pipe ou son cigare, et les douaniers fouillent parfois dans les poches des pauvres gens du peuple pour découvrir s'ils en portent avec eux, et leur faire payer une amende. Il y a quelques années un ecclésiastique a été brutalement traité dans ce pays par deux gardes fiscaux et menacé d'être écroué au dépôt parce qu'il avait un briquet dans sa poche, et il n'a échappé à leurs griffes qu'en payant une lourde amende. Et c'est ainsi qu'on force le public à acheter de mauvaises allumettes, et à payer l'impôt dont elles sont frappées.

Un économiste bien connu dit, qu'un homme qui jouit de 100.000 francs de rente ne consomme pas cent fois plus de sel, de sucre ou de vin qu'un ouvrier qui gagne 1.000 francs par an, surtout si cet ouvrier a une grande famille. Comment donc faire payer celui-là plus que celui-ci ?

En effet, cet argument, au premier abord a l'air fort logique. Mais en voici un qui nous semble l'être bien davantage : si le riche ne consomme pas cent fois plus de ces denrées que le travailleur, il a cent ou mille fois plus d'argent que lui, et par conséquent, devrait en toute justice être taxé bien plus qu'il ne l'est sur les consommations, afin de dégrever de cette imposition la classe laborieuse et les pauvres.

Alors les impôts qui dans l'actualité sont indirects deviendraient directs et progressifs. Et il est à croire que non seulement le peuple y gagnerait, mais le Trésor. Par les recettes actuelles de cet impôt, on jugerait de la somme que les riches et la classe aisée auraient à payer. On mettrait le système progressif en vigueur et comme il y a à peu près de huit à neuf pauvres pour un homme de la classe aisée, et il va sans dire, bien plus que cela pour un homme riche, celui qui aurait une fortune moyenne payerait, disons trois ou quatre fois plus qu'il ne paye actuellement, le grand rentier bien davantage et le millionnaire et le milliardaire toujours en augmentant, c'est-à-dire, dix ou douze fois plus que par le passé, ce qui ne les gênerait pas.

Soyons plus explicite encore. On calculerait combien chaque individu consomme de denrées par an, quel est le taux de la taxe imposée et cela servirait de base pour la répartition de cet impôt. Rien de plus simple ; pas de nouveau cadastre, car on consulterait celui de l'impôt progressif sur le revenu (1), pas de frais, pas de casse-tête. On irait tout bonnement chez le riche et l'homme aisé recouvrer cette imposition en même temps que les autres. Et il ne serait pas facile à ces Messieurs de s'y soustraire ; car ils

----

(1) Voir Impôt progressif sur le revenu, 2ᵐᵉ Partie.

seraient taxés en rapport avec leur avoir et d'après le nombre de personnes qu'ils auraient chez eux.

Mais, passons aux impôts directs, qui sont ceux qu'on appelle proportionnels. Par ce système, tout propriétaire paye à l'Etat sur son bien, pour si petit qu'il soit 5, 10, ou 20 pour cent suivant la loi des divers pays. C'est, sans doute, plus simple que la progressivité, mais c'est bien injuste, car celui qui a 3.000 francs de rente et une nombreuse famille n'a pas assez pour vivre à l'aise et devrait être exempt de l'impôt. Nous pourrions citer bien des exemples de tout petits propriétaires qui par ce système d'impositions sont forcés de payer plus que les grands, mais nous nous bornerons à mentionner un seul de ces cas:

Dans un petit pays de l'Europe, un riche agriculteur s'étant opposé formellement à payer par entier la contribution imposée par la loi sur ses terres obtint par fraude une réduction de l'impôt. Or, tout près de chez lui il y a un pauvre cultivateur possesseur d'un tout petit morceau de terrain, pour lequel on lui fait payer l'imposition à laquelle le riche a si bien su soustraire à l'Etat près de la moitié. Ce malheureux, il y a quelques années étant sans le sou et ne sachant comment faire, quand on vint recouvrer l'impôt arracha une portion de sa vigne pour la vendre et tâcher de satisfaire ainsi aux exigences de l'Etat. Mais, n'ayant pas pu réaliser la vente, faute d'acheteurs, il fût obligé de se soumettre à la dure épreuve d'une saisie, et on lui vendit tous ses misérables petits meubles pour paiement de la taxe.

Voilà ce qui prouve, d'abord, que la proportion n'existe pas dans ce système, appelé donc à tort, proportionnel, puisque dans le cas du tout petit propriétaire la taxe est prise sur son nécessaire ; puis, que les abus provenant de la puissante influence des riches sont nuisibles au Trésor, et finalement, qu'il est temps de mettre un terme à ces abus, en forçant l'homme aisé et l'opulent à payer tout impôt progressivement et en les empêchant de s'y soustraire.

Et si le propriétaire doit être soumis au système de la progressivité pourquoi le capitaliste en serait-il exempt? Connaître au juste quel est le revenu de chaque individu qui possède des titres de fonds publics est sans doute difficile; mais la difficulté ne dépasse pas celle qui existe pour l'évaluation de la propriété, un registre descriptif des biens-fonds d'un pays avec une connaissance exacte de leurs divers genres de culture et de leurs revenus et frais, pour la juste répartition de l'impôt territorial, étant long, obscur et dispendieux à dresser. Mais pour la forme progressive, il faut bien avoir recours à ce moyen, qui est celui du cadastre, si négligé dans quelques pays à cause de cette même difficulté. Et cependant on a fait de tout temps des choses bien plus difficiles encore.

Taxer la terre est juste et d'un grand profit. La preuve est qu'au xv° siècle, quand l'impôt territorial était bien en vigueur en Angleterre, la condition du peuple était bonne et les travailleurs jouissaient d'un certain bien-être. La journée était de 8 heures seulement; et rarement on entendait dire qu'un laboureur ou un ouvrier fût réduit à la faim. Mais cet impôt était de 20 pour 0/0 et n'atteignait pas le tout petit propriétaire.

Depuis lors la terre a augmenté de valeur d'une manière fabuleuse nous dit M. Threlfall, en voici un exemple : En 1792 les terres du Comte d'Annesly lui rapportaient par an. £ St. 2.500 c'est à-dire 60.250 francs et en 1874 ces mêmes terres sont montées à une rente de £ St. 29.204. Se-

lon M. Caird la valeur de la terre dans ce pays
de 1851 à 1880 a augmenté de 118 pour 0/0 et
si l'on suivait cet ancien système d'imposition,
dit-il, à savoir — 4 shillings dans la £ St. cela
rapporterait aujourd'hui £ St. 24.000.000 par
an.

Or, dans tout grand pays, admettant même
que la valeur de la terre ne soit pas si élevée,
l'impôt progressif sur le revenu rapporterait des
sommes bien plus considérables encore, admettant qu'il n'y eût pas d'abus et qu'il fût mis impartialement en vigueur suivant toutes les règles
de l'équité, c'est-à-dire, soulageant le petit aux
dépens du grand.

Faire payer 20 p. 0/0 à tout propriétaire, c'est
lourd et dans le cas du petit cultivateur c'est ruineux même. Que l'on fasse payer 30 ou 40 p. 0/0
sur les terres d'un millionnaire cela s'entend,
car cette taxe ne sera prise que sur son superflu, et sera par conséquent fort juste; comme le
sera aussi 1 p. cent dans le cas du petit propriétaire, et le dégrèvement total de cette taxe pour
celui qui ne possède que juste assez de terrain
pour vivre.

Aucun projet de loi n'a été plus mal reçu dans
les divers parlements que celui de l'impôt pro-

gressif sur le revenu. Débattu et contesté, il a été repoussé presque partout. Condamnée dans quelques pays par certains politiciens et économistes comme une mesure dangereuse et par d'autres comme un rêve illusoire, une chimère, la progressivité, enterrée aujourd'hui, ressuscitera demain, car elle ne cessera jamais d'occuper l'esprit de tous ceux qui ont à cœur le bien des masses.

Or, frapper impartialement de cet impôt tous les grands rentiers de la terre, et les empêcher de s'y soustraire, aurait pour résultat des bénéfices colossaux pour tout pays. Alors les coffres du Trésor s'empliraient ; par conséquent, il n'y aurait plus un déficit ruineux dans le budget d'aucune nation et on pourrait alors dégrever le travailleur de toute contribution (1).

Et, ne l'oublions pas, la progressivité aiderait à faire avorter le projet de la grève générale, de cette guerre contre les capitalistes ; et ceux-ci s'ils ne modifient pas leurs idées en acceptant cette réforme et bien d'autres encore seront un

---

(1) Alors une des causes de la dépopulation de la France cesserait d'exister, car c'est surtout par économie que le Français préfère ne pas augmenter sa famille.

jour victimes de leur opiniâtreté. Il est vrai que ce bien commun ne peut advenir tout d'un coup, mais si les deux partis adverses, les actualistes et les socialistes renonçant, les premiers à tout effort individuel, les seconds au collectivisme, voulaient se mettre d'accord sur certains principes, le résultat serait la pacification complète de la société, donc, une satisfaction générale..

Les riches, on ne peut le méconnaître, et on ne saurait trop le répéter, à très peu d'exceptions près sont les fauteurs de cette guerre des classes, du manque de religion et de morale parmi le peuple et de cet abandon dans lequel se trouvent les vieux travailleurs de tout pays. Ils ont beau affirmer le contraire, leurs arguments négatifs ne prouvent rien. Ils sont très personnels, et par leur attachement opiniâtre aux moindres de leurs intérêts, sont bien plus réfractaires que les pauvres à toute contribution, et savent s'y soustraire facilement par leurs ruses et par la toute puissante influence des sénateurs au parlement, qui défendent toujours les intérêts de l'opulent, parce que ces intérêts sont les leurs.

Voilà pourquoi diminuer cette influence serait un bien ; et d'aucuns disent que c'est une nécessité absolue. En effet, comment trouver le moyen de pouvoir satisfaire à l'idée de bon droit et de justice, si nécessaire pour le bonheur des masses, si chaque fois que cet impôt ou tout autre mesure humanitaire est discutée et mise aux voix dans un parlement quelconque, le projet échoue devant le poing de fer du sénat, qui, n'admet pas qu'il y ait une juste règle de partage pour soulager les souffrances des déshérités. D'autre part, comment arriver à mettre un frein au pouvoir absolu de cette toute puissante assemblée quand c'est elle surtout qui fait la loi ?

La difficulté est énorme et l'on se perd en conjectures. C'est obscur, c'est énigmatique, et le but poursuivi semble prendre des ailes devant cette infranchissable barrière — *l'égoïsme sénatorial !* D'aucuns disent que l'élection d'un sénat professionnel diminuerait de beaucoup ce pouvoir, presqu'illimité, qui est en exacte opposition à la liberté des masses. D'autres sont d'avis qu'un moyen de remédier à ce grand mal serait de substituer au suffrage restreint le suffrage universel comme mode d'élection sénatoriale, et on l'a déjà proposé dans les parlements de deux grandes puissances. Mais ce projet n'a pas été *trop bien* accueilli, surtout par les *séna-teurs* de ces parlements et il a été voué à l'oubli. Et si un jour, après maintes tergiversations, il est mis aux voix, il sera probablement enterré.

C'est regrettable, car ce système faciliterait l'exécution de tout projet humanitaire, puisque le peuple se chargerait alors d'élire des sénateurs qui auraient à cœur le bien des travailleurs. Toutefois, il y a des publicistes, dignes de foi, dit-on, en France, en Belgique et dans les Etats-Unis qui sont d'avis que le suffrage universel est nuisible à la vitalité des nations. Mais ces Messieurs sont, sans doute, des rétrogrades absolutistes qui ne veulent pas l'équilibre du pouvoir parlementaire de ce pouvoir qui penche si injustement du côté de la haute assemblée faisant ainsi dépendre le bonheur des masses uniquement de la décision d'un nombre restreint d'individus privilégiés, dont les intérêts sont toujours en opposition à ceux du peuple.

On pourrait bien cependant décider cette question et toute autre ayant rapport au bien général par voie de referendum. Ce serait le meilleur moyen de limiter le pouvoir des deux chambres, ou plutôt de le rendre nul, surtout lorsqu'il s'agirait de certaines affaires qui concernent le peuple.

Trancher ainsi la difficulté mettrait fin à ces luttes parlementaires, à ces débats acharnés et interminables du pour et du contre qui agitent si souvent les esprits des partis adverses de tout pays. C'est ce qu'on fit en Suisse lorsque la question de l'abolition de la peine de mort fût suscitée.

Ce privilège populaire serait d'un bien immense pour les classes laborieuses qui acquierraient ainsi une de ces libertés dont le professeur Todd dit qu'ils sont privés. Notons encore que cette mesure contribuerait largement à tranquilliser les esprits les plus agités parmi le peuple qui sous tous les régimes se voit opprimé, sa liberté n'étant jamais qu'un vain simulacre. Alors, on n'entendrait plus parler de la suppression totale de la Haute Assemblée, qui, si elle est souvent en contradiction avec la volonté du peuple au détriment des travailleurs, d'autre part est nécessaire pour établir l'équilibre entre riche et pauvre.

Les prétentions des masses sont justes, mais ne perdons pas de vue que se pencher seulement d'un côté pourrait occasionner un bouleversement qui aboutirait à un cataclysme. Espérons donc que dans un avenir, non lointain, on aura recours au referendum pour décider toute question qui concerne le peuple, et que la constitution étant revisée ne sera plus dans aucun pays un empêchement au bien commun.

Alors, le premier corps de l'Etat ne pourrait plus s'ériger en pouvoir suprême et s'opposer au bien-être des masses. Alors, l'impôt progressif sur le revenu, cet important impôt ne serait pas si difficile à établir partout et l'absolutisme de la Haute Assemblée ne serait plus qu'un mauvais rêve du passé.

Et dans l'hypothèse où les riches se montreraient encore réfractaires à la progressivité et seraient enclins à soustraire à la vigilance gouvernementale le montant exact de leurs revenus, le mal ne serait pas grand, puisqu'ils ne pourraient impunément se faire passer pour de petits rentiers vu le perfectionnement du cadastre, c'est-à-dire vu qu'il y aurait un minutieux examen non seulement de la contenance des biens-fonds du pays, de leurs divers genres de culture, des frais qu'ils occasionnent, des revenus qu'ils produisent, mais du montant des rentes du capitaliste.

De plus, les beaux hôtels et châteaux des opulents, leurs équipages, leurs valets, les fêtes qu'ils donnent, en un mot tout le grand luxe qu'ils étalent aux yeux de tous et dont ils ne voudraient à aucun prix se passer étant une preuve évidente de leur grande fortune, on jugerait facilement de leur revenu à ces signes extérieurs qui parlant plus haut qu'eux leur donneraient un démenti formel.

Et lors même que l'Etat, mal renseigné, ne retirerait pas toujours la totalité de la taxe imposée par la loi, cette taxe bien graduée serait trop importante en elle-même pour qu'on s'arrêtât un moment à de petits, à d'insignifiants détails.

D'ailleurs on pourrait imposer une lourde amende à tous ceux qui auraient fait de fausses déclarations au détriment du trésor, comme cela se fait en Prusse, où cet impôt joue aujourd'hui un rôle très important. En Bavière, par exemple, l'amende est de 5 à 10 fois le montant de l'imposition dissimulée.

Mais, notons ici, que le riche n'est jamais assez taxé. Il y a des projets pour cet impôt en divers pays, mais comme toujours, la proportion n'y est pas, car, l'échelle de l'impôt n'est pas graduée selon les fortunes. — 6 ou même 7. p. cent pour tout revenu au-dessus de 100.000 frs. est bien peu ! Et que dire du millionnaire et du milliardaire, surtout des non-mariés qui paye- raient l'imposition au même taux que ceux qui ne le sont pas ? — Est-ce juste ?

D'aucuns sont d'opinion que pour tirer un vrai profit du système progressif il faudrait l'a- dopter simultanément dans tout pays ; sinon, l'égoïsme du capitaliste le porterait a émigrer chez les peuples où il n'existe pas. C'est cepen- dant une erreur, car, l'amour de la patrie est inné chez l'homme et l'exil répugne à tous.

De plus, que gagnerait le grand rentier à s'é- loigner de son pays natal, de ses amis, de ses relations, de tout ce qui lui est cher pour aller vivre à l'étranger ? Ne se dirait-il pas, que pour grand que soit le sacrifice imposé par l'Etat, celui de quitter son pays et ses relations pour aller s'installer ailleurs serait bien plus grand encore ? Il y a aussi que le capitaliste préfère placer de l'argent dans des affaires importantes chez lui, et c'est naturel que tout ce qui a rap- port à son pays l'intéresse au point de vouloir y rester, malgré le sacrifice imposé, qui ne serait rien en comparaison de ceux qu'on fait faire au peuple ; d'ailleurs la progressivité existe aujour- d'hui dans bien des pays.

Quant aux taux de l'impôt général, il n'y a pas

de doute que c'est la pierre d'achoppement de ce principe. Savoir au juste combien chaque rentier doit payer et d'où il faut partir, afin que la justice soit bien administrée, est complexe et embarrassant. En Prusse cet impôt est perçu à partir d'un revenu supérieur à 900 marks (1125 francs) et il fonctionne à merveille; mais cela ne serait pas le cas dans tout pays si l'on commençait si bas. Dans les Etats-Unis, où l'on soutient le système proportionnel, on ne recouvre l'impôt que partant de très haut.

Or, on pourrait établir le point de départ chez quelques peuples ni très bas, ni très haut et arriver ainsi à un terme moyen car il y a des pays où la vie est très chère. A Paris, par exemple, un célibataire même, n'ayant que 2.000 francs de revenu est un homme pauvre; tandis que le possesseur d'une rente de 8.000 francs appartient à la classe aisée. Donc, la moyenne entre ces chiffres serait, il nous semble, raisonnable pour les nations de premier ordre.

M. Jules Roche dans son beau discours prononcé à la Chambre à Paris en 1894 contre le projet de M. Cavaignac pour l'impôt progressif sur le revenu a dit : que le système de la progressivité méconnaît la liberté d' l'individu et l'égalité des citoyens devant la loi.

Or, opposons à cet argument : — que c'est tout juste pour la cause de la liberté qu'on devrait soutenir partout ce système sans lequel le peuple ne sera jamais complètement libre. Oui ; allons même plus loin et dégrevons le petit de toute contribution aux dépens du grand.

Quant à l'égalité des citoyens devant la loi, elle est nulle cette égalité, vu qu'on force le pauvre à se passer de tout pour payer les impôts au même taux que le riche, et qu'on punit pour vagabondage le malheureux affamé qui n'a pas de gîte, tandis qu'on laisse en liberté les escrocs qui ont volé des millions et qui ont ruiné les pauvres !

Nous l'avons dit ailleurs ; il n'y a pas de liberté sans moyens d'existence, et le déshérité sous l'injuste système fiscal actuel en est dépourvu, car les écrasants impôts absorbent tout son petit avoir, toutes ses ressources.

M. Jules Roche a dit aussi dans sa négative, que l'insuccès du système progressif avait été démontré aux États-Unis où il a été soutenu lors de la guerre de Sécession seulement. Mais il garda le silence sur la cause de son abolition qui fût la cupidité et l'absolutisme du millionnaire. Cependant 300 millions de dollars par an que cette juste imposition rapportait à l'Amérique du Nord, quand elle était en vigueur, parle plus haut que personne en faveur du système de la progressivité.

Et notons ici, que si l'impôt général n'a pas réussi chez quelques peuples de l'antiquité, où il a existé pendant quelque temps, c'est parce qu'on en avait exagéré le taux pour les petits rentiers ; de là des guerres civiles et finalement sa suppression.

Et maintenant faisons mention de certains actes de la vie qui partout ont été frappés sous la forme d'enregistrements, de timbres et de greffes, tels sont les successions, les ventes et les donations, les paiements, les procès, les aliénations, etc. Ces impôts sont justes, mais c'est la proportion qui ne l'est pas, en voici une preuve : Une personne, avec peu de moyens, a hérité dernièrement de quelques milliers de francs et de quelques bijoux de peu de valeur d'une parente morte à l'étranger et on lui a fait payer sur ces bijoux ce qu'on a dit être 30 0/0 de leur valeur, mais, à vrai dire, ils ne valaient pas la contribution. Or, le riche ne paye pas davantage dans ce pays sur les magnifiques bijoux qu'on lui lègue.

Mais, dira-t-il, 30 p. 0/0 sur des joyaux d'un

grand prix représente une somme assez considérable.

— C'est vrai ; néanmoins, la proportion n'étant pas juste, il serait à désirer que la taxe sur d'insignifiants petits bijoux légués aux pauvres fût réduite à 1 p. 0/0 ou abolie, et que dans le cas du riche elle atteigne 50 p. 0/0. On pourrait baisser aussi le taux des contributions pour tout petit legs fait au déshérité, pour les prix de timbre, etc. Cela diminuerait de beaucoup les doléances du peuple qui ne cesse de se plaindre de l'injustice du système fiscal.

Retenons-le bien : la défectuosité de notre régime actuel est la cause principale des malheurs des masses et des rébellions, précurseurs de guerres. On dit que les législateurs et le gouvernants de tout pays peinent à résoudre les difficultés des questions complexes qui traitent du bien-être des travailleurs, et sous un régime pareil ce n'est guère étonnant.

Espérons donc que les actualistes, pleins d'énergie et d'altruisme se mettront bientôt à l'œuvre ; car de justes réformes contenteraient le peuple, qui, sous un bon système fiscal jouirait d'une vraie liberté.

CHAPITRE XI

DE LA PROPRIÉTÉ FONCIÈRE ET INDUSTRIELLE.

Les socialistes, comme Proudhon, sont d'avis que la propriété est un vol, et ils veulent la partager entre tous. C'est la base du système de Colins, Wallace et Henri George, c'est-à-dire des écoles belge, anglaise et américaine. Messieurs de Laveleye, Secrétan, Herbert Spencer et Walras, qui ne sont pas socialistes, sont aussi d'opinion que toute propriété naturelle, tout fond productif, terres, mines, etc., étant œuvres de la nature, et non du travail, sont des biens illégitimes. Cette théorie leur semble juste, et simple.

Pourtant s'emparer du bien d'autrui c'est violer la justice. D'ailleurs, une terre cultivée est, en partie du moins, un produit du travail du propriétaire agriculteur, comme tout autre produit fait par la main de l'homme, et il est donc équitable qu'il jouisse du fruit de ce travail ; mais pas en entier, puisqu'il a été aidé dans cette dure besogne par des laboureurs, mal rémunérés pour leur peine. Il n'y a pas de doute que la plupart des travailleurs des champs sont traités comme des bêtes de somme, car ils sont surmenés, mal nourris, mal logés et finissent leurs jours dans la plus noire misère.

Or, si s'emparer du bien d'autrui est inique, il ne l'est pas moins de priver ses laboureurs ou ses ouvriers de ce qui leur est dû ; de chasser ses fermiers par éviction, ou d'augmenter leurs loyers sitôt qu'ils ont, à la sueur de leur front, rendu très productif un terrain ingrat ; comme aussi de laisser de cultiver ses terres, et ajoutons-y, de soustraire à l'Etat une taxe en proportion de l'étendue et de la rente de ses biens, enlevant ainsi aux classes laborieuses tout espoir d'être affranchies d'impôts.

Donc, que le riche propriétaire foncier ou industriel, tout en étant maître chez lui, ne soit pas maître absolu, car s'il est égoïste, non seulement il ne partage pas avec ceux qui ont contribué à son agrandissement, mais il les laisse mourir de faim. Voilà pourquoi il faudrait fixer à un juste taux le salaire des travailleurs agraires, forcer le propriétaire territorial à cultiver ou à vendre ses terres incultes et limiter ses droits testamentaires (1), en un mot, faire disparaître, par tous les moyens possibles, les inégalités choquantes, afin de rendre moins pénible, « la lutte pour la vie » qui avec ces réformes et celles de la progressivité sur tout impôt cesserait finalement d'exister.

Les riches propriétaires diront que ces mesures seraient une atteinte à la liberté, mais, qu'ils aient présent à l'esprit que les classes laborieuses, sont bien moins libres qu'eux en bien des choses. Aujourd'hui, par exemple, ils sont forcés par la loi à se faire violence en élevant leurs enfants hors de chez eux. Ils sont obligés, de les envoyer à l'école, malgré le grand manque qu'ils leur font, comme aides, à la maison. Et dans quelques pays on leur fait payer une lourde amende pour infraction à cette loi, qui est bien despotique, puisqu'elle atteint directement l'autorité des parents, à qui il est défendu d'élever les leurs comme ils l'entendent.

---

(1) Voir 2ᵐᵉ partie.

Or. puisque le pauvre est forcé de se soumettre à une loi pareille, pourquoi le riche ne serait-il pas, lui aussi, soumis à une loi qui le forcerait à vendre une partie de son terrain, quand il s'agit du bien-être de tant de malheureux ? Peut-on hésiter un moment entre déranger le despotique monopoleur du sol ou laisser périr de faim ses pauvres laboureurs, qui lui ont été si utiles et qu'il condamne à la mendicité sitôt que la maladie ou une vieillesse précoce, provenant de leurs constantes privations, en font des invalides ?

Lequel des deux a plus besoin d'être protégé par la loi ? Lequel des deux pèse le plus dans la balance d'Astrée ? Est-ce le riche fainéant possesseur, comme feu le comte D... de 18.000 acres de terrains, habitant un luxueux château et régnant en maître absolu sur plusieurs milliers de travailleurs, ou ces travailleurs mal nourris, mal vêtus et vivant comme les fourmis pêle-mêle dans des trous ?

Les souffrances des laboureurs surpassent tout ce qu'on peut imaginer, et dans quelques pays du midi le manque de nourriture saine et de logement convenable ont pour résultat la lèpre. En Italie nous avons vu ces gens-là de près, nous avons causé avec eux et assisté souvent à leurs maigres repas qui consistent en un morceau de pain de maïs, un peu de « polenta » et des « faggioli. » Ils sont obligés de se priver de pain blanc, de viande, de fruit et de vin, et dans l'année 1881 on dit que des milliers de ces malheureux sont morts de la lèpre qu'on appelle « pellagra ! »

Dans un autre pays du midi de l'Europe il y a le même fléau mais il n'est pas général. Là, pendant quelques années, nous avons été souvent en contact avec les pauvres victimes de cette terrible maladie. Ces infortunés, pour la plupart, des pêcheurs, sont des êtres affreux à voir. Ils ont une grosse croûte sur la peau et la figure tout enflée. Quelques uns sont aveugles, leur voix est éteinte et ils exhalent, à plusieurs mètres de distance, une odeur nauséabonde. Et dire que la cause de ce mal affreux, est la misère, car ces malheureux se nourrissent toute l'année de sardines salées et d'un pain bis fort lourd, et cela dans un pays très chaud. De plus, ils habitent de petites cabanes, où l'air pénètre à peine Les plus malades vivent d'aumônes.

Tàchons donc de venir en aide à ces miséreux en dépit de toute opposition de la part des riches propriétaires, et rappelons à ceux-ci, qu'à de grands maux il faut de grands remèdes et que pour eux-mêmes, mieux vaut quelques sacrifices, en guise de réformes, que leur extermination par les collectivistes. D'ailleurs, que seraient ces sacrifices comparés aux souffrances de ces malheureux ?

Qu'il soit permis d'empiéter sur les droits d'autrui par des accaparements de toute espèce, faisant ainsi périr de faim des milliers de gens honorables, est immoral et révoltant et les économistes de l'école classique ont peut-être raison de dire que la propriété foncière est un monopole qui s'accroît de jour en jour au détriment des masses. Cet aphorisme n'a jamais été réfuté, cependant on n'a pas cherché à découvrir un remède efficace contre ce grand mal.

Que ne peut-on soulager tout d'un coup les malheureux en faisant passer une portion des richesses du monde entier dans leurs poches et cela sans leur imposer le poids d'une aumône ou même celui d'une obligation.! Ce serait un grand bonheur, non seulement pour eux, mais pour tous ceux qui souffrent de voir souffrir autrui ; remuons donc ciel et terre pour y parvenir

CHAPITRE XII

DE L'INÉGALITÉ SOCIALE, DE LA RÉPARTITION DES BIENS ET DU COLLECTIVISME.

Nous sommes loin de partager l'opinion de M. Leroy-Beaulieu qui, après avoir parlé des êtres atteints de maladies incurables et de ceux qui sont tourmentés de cuisantes douleurs morales dit : « Certes l'indigence est un mal, mais pour un esprit réfléchi, c'est encore un des plus bénins, un des moins étendus qui frappent les sociétés civilisées » (1).

Or, si les misérables avaient toujours pour compensation de l'indigence, une santé robuste et un cœur joyeux, on pourrait certainement donner raison au célèbre économiste ; mais ce n'est jamais le cas, et la raison en est toute sim-

(1) Voir « Répartition des Richesses ».

ple. — Comment se bien porter quand on se meurt de faim, ou disons même, quand on est mal nourri et qu'on manque de tout ? Comment vivre content et heureux quand on a la douleur aiguë d'être sans travail et sans aucun espoir de sortir de l'état de paupérisme dans lequel on est tombé, surtout ayant une famille à maintenir ? — Hélas, la misère engendre toute espèce d'infirmités physiques et morales et raccourcit la vie.

Comme on sait, d'après des statistiques, la durée moyenne de la vie dans les classes riches est de 55 ans à 56 ans et de 28 ans et au-dessous pour la classe ouvrière. Et d'après M. Lona, économiste français, voici les chiffres de la mortalité annuelle à Paris :

Classes riches et aisées 156 sur 10,000 habitants.

Classes pauvres 285 sur 10,000 habitants (1).

Ces chiffres prouvent à évidence que c'est l'inégalité financière qui privant le travailleur des nécessaires de la vie, non seulement le vieillit, à peine sorti de l'adolescence, mais creuse sa tombe. Et cette inégalité qui a toujours existé est

______

(1) Voir Principes d'Economie Politique par Ch. Gide.

plus dure à supporter à l'heure actuelle à cause
de l'instruction donnée au peuple et de certains
privilèges politiques accordés, car le prolétaire instruit et qui s'intéressse aux affaires
de son pays sent doublement sa triste situation.

L'instruction du peuple est nécessaire, mais il
faudrait y ajouter le bien-être, qui lui est plus
nécessaire encore. Alors une chose ne jurerait
pas avec l'autre, et on comblerait ainsi l'abîme
qui existe entre travailleur et capitaliste, entre
le riche et le pauvre et l'œuvre serait parfaite.
Equilibrer les fortunes mais pas les niveler selon le système collectiviste de M. Edward Bel-
lamy qui dans son curieux ouvrage « Looking
Backwards » ou « L'an 2000 » dépeint l'égalité
des conditions et le nivellement des fortunes
à grands traits, mais le système est utopique.

Arriver à une répartition loyale et honorable
voilà le mot de l'énigme ; car l'excès du luxe à
côté de la noire misère est révoltant et le socialiste a raison de s'indigner et sa colère est juste;
Mais sa théorie de dépouiller complètement le
capitaliste pour venir en aide au pauvre serait,
disons-le de nouveau, préjudiciable à tous, et l'inégalité existerait quand même, car il y aurait toujours l'homme actif et le paresseux, l'homme in-

telligent et l'imbécile et les travailleurs se verraient forcés de maintenir ces fainéants pour éviter
le paupérisme ce qui serait d'une âcre injustice et
ne tarderait pas à être cause de plaintes amères, d'agitations, de troubles, de luttes.

L'homme aime, avant tout, sa liberté, et
sous le système collectiviste il en serait privé
complètement. Alors, n'ayant pas de stimulant
pour le pousser à la production, car il ne tra-
vaillerait pas pour les siens, ni même dans le
but de posséder une propriété — ce privilège lui
étant interdit — l'activité productive serait tellement découragée qu'avec le temps elle cesserait d'exister, et tout homme serait réduit à
l'état d'une machine qui manque d'huile. Voilà
où aboutirait cette égalité, ce nivellement de
ressources, tant désiré par les socialistes.

Cependant, le juste désir d'enrichir les siens
par une honorable industrie, quoiqu'irréalisa-
ble, existerait toujours, et l'homme actif et in-
telligent, se voyant privé de cette grande liberté, source de joie et de bonheur légitime, vé-
géterait courbé sous le poids d'un abattement
moral qui lui rendrait la vie insupportable. Et
combien n'y en aurait-il pas qui perdraient la
raison ou bien qui succomberaient tout jeunes à

la cuisante douleur de se voir à tout jamais soumis à un aussi humiliant état d'esclavage.

Bannissez du monde les richesses, enlevez à l'homme le pouvoir et la liberté de s'élever au-dessus de sa condition par son talent, son savoir, son industrie ou son commerce, mettez des entraves à tout ce qu'il désire le plus ardemment ici-bas et l'amour du travail ne sera plus qu'un rêve du passé. Alors on verra de malheureux êtres, privés du droit de donner un libre essor à leurs aspirations, devenir apathiques, ne plus tenir aucunement à la vie, et si la foi manque, ne plus rêver que le suicide. Ou bien s'ils sont d'un tempérament colérique et emporté, ils se révolteront contre une pareille tyrannie, conspireront contre l'Etat et trouveront moyen de faire crouler ce nouvel Edifice Social qu'ils abhorreront.

L'inégalité des conditions date de temps immémorial. La différence entre maître et serviteur de l'antiquité était bien plus grande qu'elle ne l'est aujourd'hui, car on avait alors des esclaves, et c'était légal d'en avoir, comme le prouve l'histoire d'Abraham et d'Agar dans la bible.

Cependant il y a eu, parmi les anciens, des philosophes et des législateurs qui ont plaidé la cause de l'égalité. Lycurgue et Platon ont établi le communisme et du temps de Jésus-Christ il y avait les Esséniens qui étaient collectivistes; mais quel rapport peut-il y avoir entre ces époques éloignées et la nôtre? D'ailleurs ce régime n'a jamais réussi et au xvi° siècle quand les anabaptistes ont voulu soutenir le même système, tout a croulé.

Le christianisme est opposé à la tyrannie et nous a donné des lois justes et humanitaires qui parlent de répartition, mais pas d'égalité. Quant à la philosophie athée qui veut tout renverser et expliquer tout mystère par la matière qu'est-elle en comparaison de ces lois divines? Que trouve-t-on, par exemple, à admirer dans la doctrine absurde d'un Darwin, de ce chercheur de nouvelles doctrines qui, après maintes recherches infructueuses, ne trouva rien de plus gentil à nous léguer, comme preuve de notre origine matérialiste, que deux vilaines peaux de singes, qu'il prétendit être celles de nos premiers parents! Quelle folie que cette idée d'une race de singes et de guenons engendrant le genre humain!

Mais cet original, d'ailleurs fort savant en d'autres matières, aurait dit tout bonnement le contraire, comme l'a déjà dit un certain idiot, c'est-à-dire, que le singe descend de l'homme qu'il aurait encore trouvé du monde pour l'applaudir ; car il ne manque pas de gens qui voient par les yeux des autres seulement, et qui adorent les bizarreries et les extravagances.

Et maintenant reprenons notre argument et tâchons de démontrer qu'il y a erreur en affirmant, comme l'ont fait quelques auteurs athées, que les philosophes grecs, Jésus et les socialistes sont tous d'accord sur l'égalité, car le Seigneur en disant : « Rendez à César ce qui est à César et à Dieu ce qui est à Dieu, » reconnaît le pouvoir et les droits d'un chef d'Etat, et par sa parabole : « Des ouvriers envoyés à la vigne, » où le vigneron donne au laboureur arrivé le dernier autant qu'aux autres (St Mat. ch. XX. v. I.), Il ne favorise pas l'égalité, et appuie le pouvoir du maître. Et dans sa parabole des « Talens », où chaque serviteur reçoit un paiement en rapport avec ses services, Il nous donne une leçon de justice. Il est vrai qu'Il maudit le riche et le condamna aux flammes de l'enfer, mais ce fut le mauvais riche. Il prêcha l'amour du prochain, l'équité, le partage des richesses, mais pas l'égalité des conditions, et encore moins la destruc-

tion de la propriété et l'extermination du propriétaire. La répartition est donc juste, mais elle
ne doit pas être égalitaire. Tout enlever au
riche serait un crime, mais faire en sorte qu'une
partie de son superflu revienne au pauvre, à qui
il appartient de droit, dit St Chrysostome, est
légitime et juridique. St Bernard nous dit que
l'intérêt du capital est un vol et St Grégoire de
Nyasse aussi. En un mot, amasser des richesses
sans travailler pour les acquérir et sans les partager avec les déshérités fut voué à l'anathème
par les Pères de l'Eglise (1).

Cependant c'est ce que font, pour la plupart,
les grands capitalistes de nos jours, sans excep-
ter ceux même qui ont la réputation d'être très
chrétiens. Parlez à ces messieurs de partage, de
réformes, de l'impôt progressif sur le revenu, et
ils vous répondront avec indignation, que réduire
leur énorme revenu de quelques centaines de
francs de plus par an pour le bien commun serait violer la justice.

Ces bons chrétiens qui prétendent être en faveur des travailleurs, et qui cependant font les

---

(1) L'homme gagnera son pain par la sueur de son front.
Voir l'Ancien testament.

hauts cris sitôt qu'on leur parle de faire un petit sacrifice pour améliorer le sort du déshérité,
ne manquent pas de prêcher au peuple, le travail
assidu, la patience et la soumission. Ils disent
aux ouvriers que puisqu'il y a des gens qui possèdent de grandes fortunes et d'autres qui n'ont
pas le sou et qui sont forcés de travailler, c'est
que c'est la volonté de Dieu, et qu'ils doivent
courber la tête devant cette volonté suprême
et se soumettre humblement sans mot dire.

Mais ils mentent en leur parlant ainsi, car ce
n'est pas la volonté de Dieu que le peuple soit
opprimé et qu'il finisse ses jours dans la misère,
et c'est ce peuple qui pourrait prêcher à ces faux
chrétiens, que le Seigneur veut au contraire qu'ils
lui rendent ce qui lui appartient, c'est-à dire :
une partie de la terre et le juste fruit de ses la-
beurs agraires, commerciaux et industriels. Et
loin de convaincre leurs auditeurs de ces faux
principes, ils éloignent peu à peu les gens doux
et paisibles et irritent et exaltent les révoltés qui
par ces prêches pharisaïques, deviennent, quand
ils ne le sont pas déjà, des athées, des sans-Dieu.

Lors de la grande Révolution en France on
avait promis la terre aux paysans et du travail
pour tous ; cependant cette promesse a été vaine.

M. E. Drumont nous dit dans son intéressant ouvrage : « La fin d'un Monde, » qu'avant le règne de la Terreur le quart du sol appartenait aux laboureurs et qu'aujourd'hui, d'après toutes les statistiques, les petits cultivateurs ne possèdent pas le huitième des terres cultivées. Toubeau dans son « Impôt Métrique » et le Journal « La Terre aux Paysans » nous donne le tableau suivant :

Terres n'appartenant pas à ceux qui les cultivent :

Bois, forêts, landes, marais, terrains en friche, pacages, pâturages.

— Seize millions d'hectares.

Terres cultivées par des métayers — 4

Terres cultivées par des fermiers locataires — 12

49.000 propriétés de plus de 100 hectares cultivées, quand elles le sont, par des salariés — 12.

Maisons et bâtiments, vergers, pépinières, jardins — 1.

Total. — 45 millions d'hectares à défalquer de 49 millions : reste pour les petits propriétaires-cultivateurs — 4 millions d'hectares.

La part des petits cultivateurs serait donc de moins d'un neuvième.

M. Fernand Maurice, auteur d'un volume d'un haut intérêt : « La Réforme Agraire et la Misère en France » réfute aussi la légende de la terre donnée aux paysans par la Révolution, comme certaines personnes l'affirment. Il nous dit que les 3.500,000 ouvriers agricoles employés dans les fermes, les parcs et les jardins des riches n'y ont pas même gagné d'avoir une habitation à eux, si misérable que puisse être la bicoque, car il ne faut pas oublier qu'à côté des 3.400,000 petits propriétaires o moins de 5 hectares, obligés pour la plupart de travailler chez autrui, l'agriculture emploie encore 3.500,000 travailleurs, véritables prolétaires ceux-là, ne possédant que leurs bras, pour subvenir à leur existence et à celle de leurs familles.

Ainsi s'explique l'émigration des ouvriers des campagnes, et l'abandon du travail de la terre, émigration qui se chiffre en 50 ans, de 1831 à 1881, par un transport à la ville de 6 millions d'individus. Cependant, nous dit le même auteur, « la Révolution n'aura pas été inutile à tout le monde puisque les Rothschild possèdent 200.000 hectares de terre en France. »

Est-ce ainsi ? — Il se peut ; mais n'oublions

pas qu'ils aident les indigents, et qu'un hiver, ils donnèrent 2 millions aux pauvres de Paris.

Et surtout ne persécutons ni juifs, ni chrétiens monopolisateurs ni ceux, qui, dit-on, font parfois, dans une semaine, par des coups de bourse, des centaines de millions et ruinent ainsi les petits.

Non; ne rétrogradons pas en imitant les crúautés des peuples de l'antiquité et du moyen-âge. N'optons pas pour des massacres.

Soyons au contraire, humanitaires et paisibles, tout en étant justes. N'ayons pas de luttes, ni de sang, mais établissons des lois sages, par lesquelles on équilibrera un peu les fortunes, rendant ainsi le peuple heureux.

C'est incontestable qu'une organisation complètement égalitaire serait bien mauvaise, au point de vue industriel, et plus encore au point, de vue moral; car l'esprit d'initiative et de ressource n'existerait plus ; ce qui entraverait la marché du progrès et serait cause d'un mécontentement général. Mais, une répartition convenable, par laquelle il y aurait tout à gagner des deux côtés, est d'une nécessité absolue. Et malgré tous les obtacles, toute l'opposition que rencontrent ceux qui travaillent à cette œuvre salutaire pour le bien des travailleurs et pour la paix internationale, il est à croire que leurs efforts, seront un jour couronnés de succès.

La plus grande difficulté à vaincre est, certes, l'opposition coercitive des riches, cet écueil, contre lequel se brise tout projet réformateur en faveur du peuple. Ils sont les puissants de la terre, eux, ils font les lois, et ils les font à leur plein avantage, de là tout le mal (1).

Toute autre difficulté n'est rien, comparée à celle-là. Ils sont décidés à s'opposer formellement à toute mesure qui puisse les priver de quelques mètres de terre, ou de quelques écus.

Or, ayant comparé les opinions des divers économistes, — conservateurs, radicaux, socialistes, orthodoxes et non orthodoxes; ayant vu de près, riches et indigents, ceux-ci entourés de toutes les misères possibles, et ayant fait une étude toute spéciale de leurs habitudes quotidiennes, de leurs maux immérités et du moyen d'y porter remède, en un mot, ayant essayé d'approfondir ce problème social si complexe, il nous semble pouvoir affirmer que nous parlons avec connaissance de cause, en disant, que pour le ré-

____

(1) Voir « Economie Politique. »

soudre, le système de la répartition et de la progressivité est nécessaire, et que pour y arriver, coûte que coûte, il faut franchir la barrière dressée par les récalcitrants.

Il y a en divers pays des politiciens libéraux et savants en sociologie, qui nous assurent dans leurs écrits et dans leurs discours débités au Parlement, qu'ils désirent le bien des travailleurs. Ils avouent même que leurs souffrances existent et qu'il faudrait y porter remède. Mais voilà tout! Cependant le vrai remède, celui qui serait immanquablement efficace est entre leurs propres mains et celles de leurs collègues.

Mais, par faiblesse ils consentent qu'on repousse fermement tout projet humanitaire, toute modification du système actuel, sous le faux prétexte, que ces réformes seraient nuisibles à la propriété, au point de la faire disparaître complètement, avec le temps. Et dire que parmi les hommes imbus de ces idées il y a des croyants!

Il faut que les travailleurs organisent des associations, des agences de travail, des caisses d'épargne, disent ces indifférents, c'est-à-dire, qu'ils se tirent d'affaire tout seuls. Il n'y a pas de doute que ces moyens-là sont bons, comme le prouve le bien qui en a résulté en Allemagne, en Belgique et en Suisse, mais cela ne peut annihiler la misère. Il faut sûrement des remèdes plus énergiques, plus puissants que ceux-là, pour arracher les classes laborieuses à l'acuité du paupérisme.

Quant à l'extinction de la propriété, en cas de répartition limitée et de l'impôt progressif sur le revenu, loin d'être ainsi, elle s'étendrait partout — avec cette différence merveilleusement avantageuse — le petit en jouirait aussi. Il aurait sa maisonnette, son jardinet, son petit champ de blé, son verger, sa vigne ; ce qui n'empêcherait nullement le grand de vivre en fainéant, comme par le passé dans ses domaines seigneuriaux.

Tous deux gagneraient à cette juste mesure ; et le petit jouissant d'un certain bien-être, ne rêverait pas alors la ruine de ceux qui ne le tiendraient plus, comme aujourd'hui, courbé sous un joug dégradant.

Que le mauvais riche se souvienne donc qu'il est sur le bord de l'abîme et que l'heure de la revendication va bientôt sonner. Qu'il fasse un retour sur lui-même en se disant que tout sacrifice en faveur des pauvres, rapporte avec le temps, un grand bénéfice.

CHAPITRE XIII

Le libre échange

Si le commerce était libre de frais de douane dans tout pays, ce serait d'un grand avantage pour l'industrie internationale, qui ne verrait plus aucune de ses branches paralysées, comme il arrive parfois dans quelques contrées sous le système protectioniste. Cette mesure mettrait fin à toutes ces guerres douanières qui, troublant souvent les bons rapports entre les nations, sont une sérieuse préoccupation pour les gouvernants, et elle formerait un lien de plus entre les divers peuples de la terre.

Les protectionistes tels que Prévost Paradol, Thiers et d'autres, voient deux grands obstacles à ce projet. Ils disent, que si des produits étrangers entraient libres de frais dans un pays et se vendaient à meilleur marché que ceux produits dans le pays même, cela ferait du tort au commerce de cette nation, qui cesserait alors d'en produire. Puis, ils redoutent les inconvénients de cette mesure en cas de guerre.

Mais ce sont de vains obstacles, des préjugés, car si l'on cessait de produire un article quelconque, on pourrait bien en produire un autre pour le remplacer. Quant à la guerre, elle n'existerait plus sous le système de l'arbitrage. Et admettant même que cette mesure ait des inconvénients, ils seraient contre-balancés par un bien immense. On excepterait de cette règle tout objet de luxe qu'on taxerait plus lourdement que par le passé.

CHAPITRE XIV

Pour le bien des peuples, la nationalisation du sol est-elle d'une nécessité absolue? — M. Henry George l'affirme, ainsi que les membres de la Fédération Sociale Démocratique, disciples de Karl Marx en Angleterre. Parmi ceux-ci est M. Hyndman, qui, dans son « Historical Basis of Socialism, » parle d'une brochure de Thomas Spencer du xviiiᵉ siècle, où se trouve formulé un système complet de nationalisation du sol par l'intervention des paroisses et des communes.

L'idée n'est donc pas nouvelle, puisqu'elle date de plus d'un siècle et ne *fut alors qu'une imitation* des théories de Morus, et de l'anabaptiste Stork et ses disciples au xviᵉ siècle. Stuart Mill et quelques autres économistes sont aussi

9.

en faveur de cette manière de faire rentrer le peuple dans ses anciens droits de possession.

Or, embrassons d'un regard la malheureuse Irlande, où le peuple est essentiellement agricole, et se contente de peu, et avouons que dans ce pays-là surtout, ce projet, si discuté, mériterait bien la peine d'être mis aux voix et appliqué, disons, avec restriction.

C'est l'opinion de bien des socialistes chrétiens, et en outre, celle du célèbre lord Macaulay, comme le prouve un de ses beaux discours, où il censure amèrement et avec la même énergie que l'a fait de nos jours M. Gladstone le « landlordisme » et cet affreux système de persécution, cette atroce politique coercitive cause de tant de misères, de tant de révoltes, de tant d'inimitiés (1).

M. Alfred Russel Wallace, le grand naturaliste anglais, dans son ouvrage intitulé : « Land Nationalisation, its necessity and its aims » traite aussi cette question, et en parle comme d'un remède efficace contre les maux causés par l'absolutisme du propriétaire. Mais il voudrait

---

(1) Notons ici, que le gouvernement anglais parle enfin de donner des lots de terre aux pauvres en Irlande.

comme les socialistes, mettre tout bien territorial sous la domination de l'Etat, ce qui loin d'aider le peuple, le soumettrait, comme autrefois les Huttérites, communistes de la Moravie, à la dure épreuve d'être privé de la liberté de régner en maître chez lui. Cet auteur décrit au vif l'éviction cruelle des petits fermiers en Irlande, en Ecosse et en Angleterre même.

Or, déposséder complètement les riches propriétaires, serait non seulement difficile, mais comme il a été dit, une violation de la justice, et elle serait tout aussi repréhensible que leur accaparement du sol et occasionnerait une guerre terrible.

On pourrait cependant obliger celui qui posséderait un grand bien territorial à en vendre une portion à l'Etat, qui en donnerait quelques ares aux familles pauvres de la campagne. Celles-ci seraient tenues de bien cultiver ces terres, d'y construire elles-mêmes des maisons pour y vivre, et de payer peu à peu cette avance à l'Etat. Dans les petits pays, ce serait une affaire à contracter entre riche et pauvre, sous la vigilance administrative des communes.

L'exécution de ce projet, ne serait guère plus préjudiciable au riche que ne l'est la vente d'un morceau de terrain pour une route de chemin de fer, et les pauvres en profiteraient largement, surtout si on les libérait de toute contribution. Ce serait un bien général ; car il est dans l'intérêt de tout pays de retirer de son sol la plus grande quantité possible de produits pour l'entretien de tous.

Cette mesure est d'autant plus nécessaire qu'il peut advenir par une circonstance imprévue, telle qu'une crise politique, que les produits d'un pays ne puissent pas se vendre, ou se vendent mal. Dans ce cas-là les travailleurs trouveraient une alimentation chéz eux. Et avec l'argent qui leur reviendrait des legs des riches et des caisses d'épargne, ils pourraient se procurer des bœufs, des chevaux, des matériaux à bâtir, en un mot, tout ce qu'il faut pour labourer la terre et construire leurs maisons. Une fois installés, ils commenceraient à payer à l'Etat leur dette, qui dans l'espace de 25 ou 30 ans serait amortie.

Ce ne serait pas nationaliser le sol, puisqu'on ne prendrait rien au riche propriétaire sans le lui payer ; ce serait seulement limiter les droits territoriaux et distribuer des lots de terre aux soldats, devenus simples citoyens civils, aux nécessiteux des campagnes et à quelques pauvres habitants des villes ayant le goût de l'agriculture. Ce serait une expropriation pour économie et utilité sociale. La classe ouvrière proprement dite, cette classe énorme et si importante, qui habite les villes, aurait d'autres privilèges mais pas celui-là.

Observons ici que ce serait un grand avantage pour tout pays que le laboureur et les pauvres deviennent propriétaires. Cela réduirait les énormes dépenses des établissements d'Assistance publique, et il en résulterait une autre économie importante celle de la suppression des grands égouts ; tout le rebut chez ces petits agriculteurs devant servir à engraisser leurs terres ; ce qui empêcherait la souillure des eaux de rivière, contaminées presque partout par les immondices qu'on y jette.

La terre, sous ce système, produirait bien un tiers de plus que dans l'actualité, par conséquent, le commerce augmenterait de beaucoup, car ces petits fermiers laboureurs enverraient au marché le produit de leurs fermes. De plus, ce serait un bien pour l'hygiène, car les grandes villes ne seraient plus encombrées de miséreux venus de la campagne. Alors on ne verrait plus nulle part de ces affreux quartiers, où le travailleur et sa famille n'habitent qu'une seule chambre au détriment de la santé et des bonnes mœurs. Et comme il y aurait plus de place pour tous, cela ferait baisser les loyers, au grand avantage des classes laborieuses.

Ces campagnards vivraient alors comme les ouvriers à Philadelphie, cette ville qu'on appelle en Amérique « The city of homes » (la ville des foyers), parce que chaque travailleur a une maison à lui ; ce qui fait que l'indigence y est inconnue.

Il y a encore, que sous ce système de droits limités de propriété il y aurait bien moins de crimes ; car la misère enfante le vol et l'asassinat. Les prisons rurales seraient donc presque vides, et celles des villes auraient aussi bien moins de prisonniers que dans l'actualité ; ce qui serait une autre grande économie pour l'Etat. Et finalement ce serait un des remèdes contre le socialisme révolutionnaire, car le laboureur devenu propriétaire tiendrait à conserver et à défendre son bien et ne rêverait plus le prolétariat et le collectivisme.

Les « mirs » en Russie et les « foros » en Portugal, participent de ce système, avec la différence que ce sont des partages de terres périodiques, des espèces de baux. Les « foros » sont des lots de terre quelquefois assez considérables, que des propriétaires pauvres ou insouciants ne peuvent, ou ne veulent pas cultiver et qu'ils vendent au-dessous de leur valeur, à de petits fermiers, pour un certain nombre d'années.

Les conditions de ces baux ou marchés sont toujours favorables aux fermiers, qui, souvent après avoir déboursé une certaine somme, ne paient d'autre contribution au propriétaire pendant de longues années que 3 ou 4 douzaines de poulets par an, quelques paniers d'œufs, 5 ou 6 bottes de foin, ou 7 ou 8 barils de vin.

Voilà un contrat avec des stipulations bien plus dures pour le propriétaire, que ne le serait la vente de terres incultes, par entier, à un prix raisonnable, ou celle d'une portion de terre de chasse, ou de champs clos. Et cependant cela existe dans un pays qui n'est pas riche aujourd'hui, mais où il y a bien moins d'affamés qu'ailleurs.

Mais reprenons notre argument, et tâchons de convaincre nos lecteurs que cette mesure ferait le bonheur des pauvres laboureurs. Alors, les plus humbles habitantsdes campagnes, devenus eux aussi propriétaires, exploiteraient du terrain à leur gré sans crainte d'être chassés. Ils joui-raient paisiblement du fruit intégral de leurs laborieuses journées et de cette liberté si chère à tous et dont le prolétaire est privé, la propriété étant la base de la famille et la première condition nécessaire pour être parfaitement libre. A l'abri de la misère et entourés d'un bien-être dont ils ont toujours été privés, ils vivraient contents et heureux.

Et cette manière de venir en aide au pauvre ne vaudrait-elle pas mieux que celle préconisée par le socialiste et le communard ? Retenons ce principe : que le nivellement des fortunes et la nationalisation complète du sol sont opposés aux lois naturelles, car le prodigue et l'avare, le laborieux et le fainéant, l'homme de génie et l'imbécile existeront toujours et ne pourront jamais s'entendre, ni vivre en paix sous un système collectiviste, comme le prouve si bien ; « L'Histoire du Communisme » par M. Alfred Sudre.

Une telle répartition, loin de supprimer la misère l'augmenterait avec le temps, car la nature humaine étant intransformable, non seulement les riches ainsi dépouillés, vivraient toujours en guerre avec leurs spoliateurs et l'Etat, mais ceux encore qui, par leur talent ou leur vie laborieuse, auraient réussi à faire quelques économies.

Et comment peut-on s'étonner que l'homme ne veuille pas livrer à autrui le fruit légitime de son propre travail, et qu'il s'oppose à être tyrannisé ? D'ailleurs, la répartition égalitaire du sol serait impossible, car les co-partageants seraient trop nombreux, et la terre n'y suffirait pas.

Non ; soyons justes avant tout, et ne prenons au riche qu'une partie de son superflu ; et cela parce que ce superflu est le patrimoine du pauvre. Forçons-le par la loi à vendre du terrain au profit du déshérité et à faire d'autres sacrifices en sa faveur, car tout accaparer est inique.

Mais, par quel droit, objectera l'opulent, peut-on nous forcer à faire ces sacrifices ?

— Par celui de la justice et de l'équité. Le chrétien surtout, doit tenir à accomplir ces préceptes tant prêchés par le Divin Maître, comme le prouvent plusieurs textes de l'Evangile, dont il a déjà été fait mention.

Et il y a aussi dans l'Ancien Testament bien des pages identiques ; nous nous bornerons à citer deux ou trois de ces versets prophétiques : « Malheur à ceux qui ajoutent maison à maison et qui joignent champ à champ, jusqu'à ce qu'il n'y ait plus d'espace et qu'ils habitent seuls au milieu du pays » (Isaï, Ch. v. 8.). « Ceux qui auront amassé le blé le mangeront et ceux qui auront récolté « le vin le boiront. » (Isaï, Ch. XII. v. 9.). « L'E- ternel entre en jugement avec les anciens de son peuple et avec ses chefs : « Vous avez brouté la vigne ! La dépouille des pauvres est dans vos maisons ! De quel droit foulez-vous mon peuple et écrasez-vous la face des pauvres ? dit le sei- gneur ; » (Isaï. Ch. III. v. 14, 15.)

Ce sont surtout le premier et le dernier de ces textes qui peuvent s'appliquer aux mauvais riches de nos jours, qui foulent aux pieds les malheureux et gardent tout pour eux, se pré- valant de certaines lois injustes qui font le dé- sespoir du peuple partout, et sont contraires à la civilisation et à la prospérité des masses. C'est une lutte constante entre le grand et le petit, entre le fort et le faible, et comme l'on sait, c'est toujours le fort qui triomphe.

Sacrifier ainsi les pauvres et ceux qui n'ont pas d'aptitudes au profit des puissants est tout ce qu'il y a de plus démoralisant. C'est la loi biologique de Darwin ; malheureusement elle a toujours existé ! Oui ; le droit du plus fort est vieux comme le monde.

Et dire qu'il y a partout chez les peuples chrétiens des gens qui professent ces principes ! Cependant Jésus n'a pas dit que celui qui amasserait le plus de richesses serait le mieux reçu dans le ciel, mais, celui qui aurait le plus aidé les indigents.

Il faut convenir avec les petits qu'ils sont bien malheureux, et si ce n'était le christianisme avec sa doctrine régénératrice — que les athées voudraient pouvoir abolir — ils le seraient bien davantage, car ils gémiraient encore, comme chez les anciens, sous le joug dégradant et tyrannique de l'esclavage. Rappelons donc aux matérialistes et aux révoltés qu'être chrétien c'est être libre, et que Mirabeau lui-même, le grand révolutionnaire a dit dans un de ses discours mémorables : — « Que la loi de Dieu est aussi nécessaire au peuple que la liberté. »

CHAPITRE XV

DE LA PEINE DE MORT

On a tant écrit sur cette importante question, le pour et le contre ont été si discutés, qu'à peine s'il reste un mot à dire à ce sujet. Les uns prétendent que la peine capitale devrait exister dans tout pays et qu'elle est indispensable à la morale publique. D'aucuns voudraient qu'on l'abolît dans le monde entier. Et comme les bons arguments ne manquent pas des deux côtés, il y a bien des personnes indécises, ne sachant quelle opinion émettre sur la matière.

Cependant, les abolitionnistes ont l'avantage de pouvoir employer, avec assurance, la charité et la miséricorde, deux armes puissantes pour combattre l'opinion adverse. Que ceux qui sont indécis se penchent donc de leur côté, qu'ils examinent la question au point de vue humanitaire, et alors, sans doute, ils ne manqueront pas d'embrasser les mêmes idées.

Il faut que l'assassin meure, disent les partisans de la suprême expiation ; c'est un être malfaisant et il faut le supprimer ; non seulement pour l'empêcher de commettre d'autres crimes, mais pour le châtier et pour le faire servir d'exemple à tous ceux qui ont une tendance ou une manie homicide, car, celui qui prémédite un assassinat ne craint que la corde où la guillotine, et si elles n'existaient pas, les attentats contre la vie du prochain seraient bien plus fréquents.

Un écrivain fort pieux, faisant l'apologie de la peine de mort, cite des passages de la Bible qu'il assure être en faveur de la Loi du Talion, entre autres, le suivant émis par Saint-Mathieu : « Omnia ergo quœcumque vultis ut faciant vobis hominis, et vos facite illis ! » (Faites aux autres tout ce que vous voudriez qu'ils vous fissent.)

Or, comment cet érudit a trouvé que la peine capitale vient corroborer cette maxime est pour nous une énigme. Elle est opposée au meurtre, mais elle ne nous semble pas être, dans ses moindres détails en faveur de la mort du meurtrier.

D'ailleurs N. S. a toujours prêché la clémence et le pardon des péchés, comme le prouvent ces paroles admirables tirées de son sermon sur la montagne : « Bienheureux ceux qui sont miséricordieux parce qu'ils obtiendront eux-mêmes miséricorde. » Saint-Mathieu. ch. 5. v. 7. Et en pardonnant à l'adultère condamnée par la loi judaïque à être lapidée, Il nous légua un exemple frappant de clémence que nous devrions suivre.

Voilà pourquoi pardonner à un criminel au nom de J. C. se comprend, mais en son nom lui faire subir la mort est d'une inconséquence absolue.

Rappelons aussi aux gens pieux qui veulent l'exécution de l'assassin afin de l'empêcher de perpétrer de nouveaux crimes, d'abord, que désirer sa mort n'est pas charitable, puis, qu'il y a le châtiment des travaux forcés à perpétuité, qu'il serait à désirer qu'on réduisit à 12 ou même à 10 ans, et auquel bien des criminels préfèrent la peine capitale.

Il y a encore que le forçat dans sa prison a le temps de se repentir, ce qui arrive souvent et vaut bien la peine d'être pris en considération. Et finalement et surtout il arrive parfois qu'on exécute un innocent au nom de cette loi cruelle, surnommée, par conséquent, à tort, dans ces circonstances, la Loi du Talion.

— Cela est rare, diront nos opposants.

— Pas si rare, puisqu'en écrivant ces lignes, il nous est venu tout d'un coup à la mémoire trois de ces cas survenus en quelques années. Mais, lorsqu'il n'y aurait qu'un seul innocent entre des milliers de criminels immolés de la sorte, et cela dans l'espace de plusieurs siècles, ce serait un motif assez grave pour abolir ce châtiment barbare.

Quant au prétendu bien qui en résulterait comme exemple et comme frein aux mauvaises passions, il n'existe même pas ; et les scènes scandaleuses, finissant par de honteux applaudissements, renouvelées à chaque exécution à Paris, et si amèrement et si justement censurées par la presse, elles ne tendent qu'à rendre le méchant plus méchant encore. Il s'habitue à voir répandre le sang et devient avide de ces spectacles hideux, qui lui endurcissent le cœur et le rendent sanguinaire.

De plus, parmi la foule présente à ces exécutions il y a des êtres maladifs, des désespérés sortis de ces écoles de libre-penseurs, de ces pépinières de crimes et qui sait s'ils ne sont pas en quelque sorte fascinés par le terrible couperet, comme le papillon l'est par la flamme. Si l'on admet qu'il y a plus ou moins de magnétisme et d'électricité dans tous les corps terrestres cette machine infernale, cette guillotine surnommée à juste titre, par le peuple, « la veuve », n'en serait pas exempte, et par conséquent, pourrait attirer ces malheureux, prédisposés à subir sa pernicieuse influence.

Dans ce cas-là, le choc produit par le terrible instrument de mort leur attaquerait le cerveau et leur tournerait la tête, comme il est dit que le magnétisme fait tourner les tables. Ces infortunés au tempérament nerveux, morbide et anémique seraient comme hypnotisés par l'électro-magnétisme et dès lors marcheraient droit au crime, hardiment et sans crainte. Ils désireraient peut-être même faire tomber leur propre tête sous le coup fatal du couteau fascinateur, qui aurait, pour eux, l'attraction que l'aimant a pour l'acier, et le précipice pour l'imprudent qui trouve plaisir à s'en approcher. Une telle mort aurait à leurs yeux un certain charme bizarre, lugubre, sinistre.

Ils auraient assisté à une exécution étant un peu malades d'esprit, ce qui est moins rare,

10

parmi une foule, qu'on ne se l'imagine ; et ils quitteraient cette scène hideuse, dans un pénible état de surexcitation, qui les pousserait à la manie homicide.

Ce que nous venons de dire a l'air peu vraisemblable, pourtant, c'est une manière d'expliquer cette rage du crime qui existe dans quelques pays où l'exécuteur des hautes œuvres exerce encore ses ténébreuses fonctions.

D'aucuns disent, que la vanité et l'orgueil sont les mobiles de la plupart des crimes politiques, et même des crimes de droit commun — un désir ardent de se faire connaître, de se créer une renommée pour plus mauvaise qu'elle soit. Il se peut, et si c'est ainsi il est difficile de remédier au mal. Mais croyons plutôt au résultat de l'instruction athée, à l'influence pernicieuse de la lecture de toutes sortes de mauvais livres et au pouvoir fascinateur de la guillotine.

Et rappelons aux incrédules, dans cette matière, qu'il y a bien d'autres choses dans la vie encore plus difficiles à expliquer. Si, par exemple, on eût prédit à nos ancêtres les merveilleuses découvertes de notre époque ; si, sans explications, on leur eût parlé des rôles importants que la vapeur et l'électricité étaient destinées à jouer dans l'avenir ; si on leur eût parlé d'hypnotisme, du virus curatif des célèbres Drs Jenner, Pasteur et Roux, il est plus que probable qu'ils eussent ri au nez de leurs interlocuteurs.

Mais, lors même que cet hypnotisme ou manie meurtrière ne serait qu'un rêve de l'auteur de ces lignes, n'est-ce pas à désirer, dans ce siècle, où l'on se pique de civilisation, qu'on punisse le meurtrier d'une façon moins barbare ?

Si, par exemple, au lieu de lui donner la mort, on le condamnait à cinq ou six ans d'emprisonnement cellulaire, où il n'aurait pour compagnons que les noirs reproches de sa conscience, il est à croire que cet affreux isolement aurait pour résultat le repentir. Et ce retour à la vertu ne produirait-il pas un effet salutaire sur ceux qui projèteraient un assassinat ?

Ajoutons encore quelques mots en faveur de l'abolition du châtiment suprême, puisqu'il est arrivé à notre connaissance que le professeur Maggi affirme avoir découvert qu'il existe des microbes meurtriers, et que l'assassin est affecté d'un virus rabique, ce qui le rend, selon lui, irresponsable de ses actions. Ce principe, qui ressemble à celui du Dr Lombroso et d'autres, est confirmé par le professeur Rivolta, et la découverte a été traitée de merveilleuse par la presse. Or, admettant que ce virus rabique existe, disons chez quelques hommes seulement, notre idée d'une manie meurtrière ne serait plus un rêve, mais une vérité authentique, que cette découverte serait venue corroborer. Alors, quelles plus fortes raisons pourrait-on avoir pour abroger la peine capitale ?

Faisons observer aussi, que dans les pays où elle a été abolie, il y a moins d'homicides. En Portugal, par exemple, il y en a très peu. Il est vrai que les crimes en général ont toujours été rares parmi le peuple de ce pays.

Et autrefois avant l'abrogation de la peine de mort, quand le bourreau, qu'on avait en horreur, à cause du caractère extérieur de ses fonctions, mourait et qu'il fallait le remplacer, ce qui se faisait, en choisissant un homme parmi les grands criminels, c'était avec difficulté qu'on en trouvait un qui voulût de cet affreux métier. Il y a eu des assassins même qui ont refusé d'être graciés, et ont préféré subir la mort, que de la donner de nouveau. On a souvent attendu longtemps avant de pouvoir pendre un criminel, faute de trouver qui voulût fonctionner comme exécuteur des hautes œuvres.

Or, dans les contrées où la Loi du Talion existe encore, pourquoi ne la supprimerait-on pas, du moins pendant un certain nombre d'années, afin de pouvoir juger des résultats de cette mesure humanitaire ? — Cet acte de clémence ferait certainement connaître l'inutilité d'une telle rigueur.

DEUXIÈME PARTIE

CHAPITRE PREMIER

UN JUSTE MILIEU ET UNE CONCILIATION AVEC LES SOCIALISTES.

Les agitations révolutionnaires augmentent de jour en jour, créant partout des obstacles à l'expansion des sentiments pacifiques, et prouvent que le mécontentement du peuple est général.

Cependant les idées avancées et les aspirations des masses au bien-être, n'existent pas seulement chez les révoltés aujourd'hui, mais au fond de bien des âmes généreuses. D'ailleurs, délivrer les travailleurs des étreintes de l'abus et de la cupidité des puissants, serait rendre un important service au genre humain.

Mais la plupart des chefs d'Etat et des capitalistes ne tiennent pas compte de ce propos, qui est autant dans leur propre intérêt que dans celui du peuple. Ils devraient, pourtant, avoir présent à l'esprit que les déshérités, fatigués d'attendre qu'on redresse les torts dont ils souffrent si amèrement, se révolteront un jour en masse.

Malheureusement, il y en a parmi eux, qui maudissent les riches, qu'ils voudraient pouvoir foudroyer, et devant lesquels ils ne veulent pas se courber comme autrefois. Ces infortunés n'acceptent plus le rôle humiliant que l'égoïsme de l'opulent leur impose. Ces victimes de la faim ont résolu ne plus être de pâles ombres, s'entre-choquant et rêvant l'impossible au milieu d'une nuit ténébreuse, à laquelle ne succédera aucun lendemain.

Et l'avenir attestera si ceux qui sont au pouvoir ont eu raison de rester impassibles devant le mouvement révolutionnaire ; s'ils ont bien fait de ne pas tâcher d'arriver à un accord avec les socialistes, en réunissant ce qu'il y a de bon des deux côtés et en rejetant ce qu'il y a de mauvais.

Il n'y a rien de parfait sur la terre, mais si les deux partis voulaient se faire des concessions, comme il en a déjà été question, on ne serait pas loin de la perfection, disons, de la paix générale.

Tout ou rien est un mauvais principe. Pourquoi donc ne pas créer un juste milieu et satisfaire aux besoins du peuple, sans ruiner les capitalistes ? Se donner la main mutuellement dans tout pays, annihiler le paupérisme, ce fléau international, et empêcher ainsi les mécontents, qui existeront toujours, mais, alors en plus petit nombre, de se plaindre avec raison.

Décider la question comme on fit en Angleterre au temps de la guerre entre les maisons de York et de Lancastre. A cette époque éloignée ce fut un mariage qui trancha les longs litiges existant entre les Deux Roses. A l'époque actuelle ce serait des concessions réciproques entre les deux partis adverses en faveur d'un intérêt commun : le bien du travailleur et celui du capitaliste, ce qui mettrait fin à la révolution sociale.

On équilibrerait les fortunes et on cesserait de songer à leur nivellement, à cette utopie essayée, si souvent, et toujours sans succès. Mais pour y arriver on établirait « La Ligue de la Propagande de la Paix » dont il est question plus loin, car ce ne sera qu'à force d'efforts énergiques qu'on parviendra à concilier riche et pauvre ; et ces efforts il faut que les socialistes chrétiens les fassent par le moyen de la parole et de la presse.

Alors bien des législateurs et des capitalistes, pénétrés, eux aussi, des mêmes sentiments pacifiques, seraient convaincus des erreurs du système social actuel, c'est-à-dire de l'incompatibilité de beaucoup de ses principes avec la liberté et l'instruction accordées aux masses ; comme aussi des terribles résultats du chomage et de la misère. .

· D'autre part persuadons les socialistes à renoncer à leur rage de rébellion, et à prendre en considération, primo, la grande diversité d'opinions qui existe dans leur parti, surtout l'antagonisme entre l'aile gauche très avancée et l'aile droite ; ce qui met à leurs projets gigantesques une barrière assez difficile à franchir, l'unité et l'harmonie dans les idées étant indispensables au triomphe d'un parti politique ; puis, l'exagération de quelques-unes de leurs doctrines, et finalement, que cette guerre internationale qu'ils préconisent mettrait le comble aux malheurs du peuple, car exterminer le capitaliste ferait mourir le pauvre de faim.

· Oui, établissons un terme moyen entre le système social existant et celui proposé par le socialiste puisqu'il assurerait le bonheur des masses. Alors, l'égoïste patron et le despotique propriétaire, soumis à de nouvelles lois ne pourraient plus exploiter les petits, comme par le passé.

Si un homme a une jambe atteinte d'une plaie gangrenée il la fait amputer pour échapper à la mort. Or, le superflu du capitaliste est aujourd'hui dans le cas de ce membre gangrené, et il faut qu'il le sacrifie pour vivre tranquille.

Le socialiste cesserait alors de propager l'attaque de la propriété, le prolétariat pour tous et l'anéantissement de la famille, et le peuple éclairé par d'habiles conférenciers sur toutes ces questions, verrait que la famille représente l'ordre et la morale, et que la propriété est le mobile du travail.

Avancer toujours dans cette voie si encombrée d'obstacles, afin d'arriver finalement à fondre en un seul les deux partis adverses pour le bien commun, et résoudre ainsi le problème Social, voilà où il faudrait arriver.

Mais retenons avant tout, que pour l'exécution de ce projet colossal il faudrait de sages gouvernements partout, qui feraient respecter les lois et les réformes, et une grande économie pour remplir les coffres du Trésor et supprimer la misère ; que pour vivre content et heureux il faut la pratique des bonnes mœurs, l'amour de la famille, du travail et de la paix.

Muni de ces principes, le peuple n'aurait plus de griefs. Le progrès et la civilisation siégeraient partout et la prospérité internationale serait assurée.

Mais comment atteindre ce but? direz-vous.

En établissant la ligue dont nous venons de parler et par l'élection de gouvernants et de législateurs patriotiques, consciencieux et paisibles.

— Où trouver ces rara aves?

— Parmi des hommes honorables, qui aient à cœur, non seulement la prospérité de leur pays, mais le bien de l'humanité. Si l'on veut de l'eau pure, il faut la puiser à une bonne source. Qu'on fasse de même dans le gouvernement d'un état.

Qu'on élise dans tout pays des sénateurs et des députés qui soient honorables, altruistes et pacifiques, qui veuillent plaider la cause du peuple et mettre fin à la révolution sociale.

CHAPITRE II.

DU BESOIN DE SUPPRIMER LA MISÈRE POUR ARRIVER A
LA SOLUTION DU PROBLÈME SOCIAL ET A L'ÉTABLIS-
SEMENT DE LA PAIX.

Si la Révolution violente éclate, écrasant
grands et petits, car la chute des capitalistes
entraînera celle des travailleurs, ce sera la plus
grande de toutes les calamités.

Empêchons donc ce cataclysme par l'unique
moyen possible — la suppression de la misère,
cause de la révolte sociale, et pour y arriver
ayons recours aux réformes les plus radicales.
Alors, une entente avec les socialistes ne sera
pas si difficile et on pourra mettre fin aux luttes
armées, fraterniser avec les peuples et établir
la paix universelle.

Mais, direz-vous, des statisticiens fort habiles
nous assurent qu'il suffit d'un simple calcul pour

prouver qu'on ne peut pas supprimer la misère,
la statistique de la population et de la production
d'un pays démontrant à évidence que l'aisance
ne pourra jamais exister pour les travailleurs en
général. Et le fait est, qu'en calculant avec eux
on est tenté de leur donner raison, car le déficit de la production est grand partout.

Cependant il y a des sociologues qui sont
d'opinion, que l'industrie avec son développement actuel fournirait des produits suffisants
pour le maintien de tous les travailleurs si les
travaux étaient utilement employés, et s'ils
étaient distribués avec impartialité parmi eux.

Mais, ce n'est pas ainsi, et le Droit au travail
même, sans de sérieuses réformes ne peut qu'a-
méliorer un peu la situation en donnant de l'occupation à plus de monde.

Quant aux socialistes ils veulent tout niveler.
Or, entre ce nivellement ruineux pour tous et le
système actuel d'accaparement et de monopoles qui réduit tant de monde à la misère, il y a
le terme-moyen, dont il a déjà été question, et
qu'on pourrait fort bien adopter pour arriver à
l'équilibre des fortunes.

Mais, vous allez dire encore : que puisque le
nivellement des biens n'apporterait pas de soula-

gement aux masses, et serait même ruineux, comment l'équilibre des fortunes leur procurerait-il le bien-être?

En effet, ce système au premier abord a l'air paradoxal et n'est certes pas en accord avec les chiffres de certains statisticiens. Tâchons donc de l'expliquer en le comparant à celui de la répartition égalitaire, qui n'avancerait à rien, puisque une misère générale en serait le fâcheux résultat, et que tous, dépouillés de tout, seraient incapables de se créer une nouvelle situation ; d'autant plus, que pour arriver à ce nivellement, on aurait détruit toutes les fabriques, usines, maisons de commerce, ateliers, en un mot tous les établissements qui sont le maintien du travailleur, et que recommencer la lutte pour la vie, avec quelques francs seulement leur serait impossible.

Or, par le système du juste-milieu, loin de détruire la propriété on créerait de nouveaux établissements et de nouveaux travaux pour les classes laborieuses, afin qu'il n'y eût plus de sans-travail. L'ouvrier et le laboureur auraient non seulement un bon salaire et un intérêt dans les bénéfices du riche patron, mais des legs à sa mort. Ainsi, par une loi juste, une part du superflu de l'opulent appartiendrait au travailleur, qui pourrait alors économiser et jouir du bien-être. Et ce supplément à son salaire, tout en lui procurant l'aisance, ne ruinerait ni le patron, ni le commerce, ni l'industrie, comme le nivellement.

N'oublions pas que le riche monopoleur même, se voit forcé de faire circuler son argent, et emploie beaucoup de monde, ce qui fait que le petit en profite lui aussi. Il ne faut donc pas l'exterminer, mais uniquement l'empêcher de trop accumuler de capitaux, et de terres vagues ; puisque les accaparements de richesses sont cause de la faim, et le forcer par des lois et des réformes salutaires à partager avec le travailleur. Par ce système, on ne serait pas loin de la pacification de la société ; prêtons-y donc une attention toute spéciale.

De nouvelles lois, la mise en vigueur de celles, qui tout en étant justes, sont restées en souffrance, l'abrogation de celles qui sont nuisibles au peuple et une compilation de statuts de divers pays sont des mesures indispensables pour atteindre ce but si désirable.

Il est de toute justice que les travailleurs tirent un plus grand bénéfice des profits provenant du concours du capital et du travail et surtout qu'ils n'aient pas à mendier leur pain quand l'âge ou la maladie les atteint. La difficulté consiste à savoir quelles sont les conditions et les limites nécessaires à cet effet.

Or, en étudiant la question à fond, on découvre combien est grande la misère, quelles sont ses causes et quels sont les remèdes qu'on pourrait y apporter. Et si l'on n'a pas recours à ces remèdes, l'antagonisme des classes augmentera et ses caractères deviendront plus graves au fur et à mesure que la situation deviendra plus pénible.

D'ordinaire on taxe de rêveurs tous ceux qui songent au moyen de remédier aux maux des masses en tâchant de prévenir le mal de la faim ce grand mal — point culminant de la question sociale.

— La suppression de la misère ! s'écrie le riche avare, voyons donc, à quoi pensez-vous ? C'est du communisme et cela entraînerait un bouleversement ruineux. Ce n'est qu'une idée bizarre, un rêve d'exalté, une fantaisie de poète ou de romancier, car le chômage et l'indigence existeront toujours, et on ne peut pas améliorer le sort du travailleur. Un tel projet est donc absurde, utopique même !

Mais le riche avare se trompe et il est indiscutable qu'on pourrait, si on le voulait, délivrer les classes laborieuses, faites de chair et d'os comme lui, de l'état d'esclavage dans lequel elles languissent depuis un temps immémorial. La tâche est ardue, mais elle n'est pas impraticable. C'est une question de code civil et d'organisation sociale.

Les réformes les plus nécessaires et les plus urgentes à cet effet sont : Les bénéfices de l'ouvrier dans l'entreprise du riche patron ; la retraite ouvrière ; la limitation du droit de propriété territoriale et celle du droit de tester (1). Ces réformes aideraient à supprimer la misère, et calmant les esprits les plus exaltés parmi le peuple, frayeraient la voie à une conciliation entre riche et pauvre. Puis, la réorganisation du système fiscal actuel si incohérent, afin qu'on n'ait plus à y relever d'absurdes contradictions à chaque pas, et le désarmement et le système d'arbitrage pour trancher tout litige politique ou social.

Or, en suivant la marche législative de chaque pays on trouve du bon et du mauvais partout.

_____

(1) Voir « Testaments ».

Pourquoi donc, éliminant tout chauvinisme, n'abolirait-on pas ce qu'il y a de nuisible chez soi pour y substituer ce qu'il y a de salutaire chez tel ou tel peuple ? Et surtout pourquoi ne créerait-on pas de nouvelles lois, dont le but serait la pacification de la société ?

A vrai dire, dans quelques pays on adopte parfois une ou deux sages réformes étrangères, mais c'est assez rare. Quant à songer au moyen de trouver un expédient pour annihiler la misère, hélas, aucun gouvernement ne s'occupe de cette toute importante question.

Cependant si les législateurs et tous ceux qui sont au pouvoir voulaient y mettre un peu de bonne volonté, on pourrait par les sus-dites réformes et quelques autres, parvenir à procurer le bien-être aux travailleurs et garantir ainsi la sécurité des chefs d'Etat, du clergé et des capitalistes.

Ce serait le moyen de résoudre le problème social et celui de la pacilogie. Nous parlerons donc en détail de ces réformes, qui sont les remèdes contre l'extrème indigence, et nous les qualifierons d'articles.

CHAPITRE III

LA MISÈRE, SES CAUSES ET SES REMÈDES.

La misère comme la guerre est un fléau terrible puisqu'elle est la cause de luttes barbares et de toutes sortes de crimes. N'oublions pas que c'est ce grand mal qui a enfanté la révolution sociale et l'anarchie. Tant qu'il existera, il y aura des révoltés, et cela s'explique en quelque sorte, car le sans-travail et l'affamé réclament le droit de vivre; et ce droit, le plus juste de tous, est une liberté nécessaire qu'il faudrait leur accorder.

Pourquoi ces malheureux doivent-ils être privés des produits de la terre et subir le supplice de Tantale, quand, passant par les boutiques de riches fournisseurs ils voient, en les convoitant, toutes sortes de vivres et de combustibles auxquels, malgré l'instinct de la conservation, ils no peuvent toucher, cela leur étant défendu ?

Pourquoi doivent-ils être condamnés à mourir de faim et de froid dans les rues, quand il y aurait moyen d'y remédier ?

Est-ce du progrès et de la civilisation que ce complet abandon du déshérité ? et ne devons-nous pas plutôt classer de barbarie un système pareil, sous lequel bien d'honnêtes gens sont voués à une mort précoce et cruelle ? Ne faudrait-il donc pas, pour éviter ces malheurs, forcer, par la loi, tous ceux qui ont de quoi secourir les indigents, à délier les cordons de leurs bourses, vu que de leur propre gré, la plupart d'entre eux ne le ferait jamais ?

Ayons présent à l'esprit, nous tous, agents pacificateurs, que le droit d'exister, auquel tout homme aspire et privé duquel la liberté n'est qu'un vain mot est un des principaux éléments de la paix universelle, et que sans la suppression de la misère ce droit est lettre morte.

CAUSES DE LA MISÈRE

Cause 1ʳᵉ. — La trop grande population.

La population augmente de jour en jour dans presque tous les pays, tandis que le travail diminue et c'est une des causes principales de la misère. L'économiste Stuart Mill comme Malthus a fortement développé le système du « wage fund » (le fonds des salaires) pour atténuer ce grand mal ; cependant il affirme que la vraie sauvegarde pour les salariés est la restriction des progrès de la population en s'abstenant du mariage ; ce qui est contraire aux bonnes mœurs et peu pratique. Substituons donc à cette idée immorale une idée saine, et donnons pour remède et réforme :

ARTICLE PRREMIER. — L'émigration dans les colonies peu peuplées et le travail (voir article 2).

Cause 2. — *Le chômage.*

On ne peut énumérer ici toutes les causes du chômage, parce qu'elles sont trop nombreuses. Nous nous bornerons donc à citer les plus générales, telles sont : la grande concurrence de travailleurs, les nouvelles machines qui se substituent aux bras, les faillites des patrons, les désastres — incendies, naufrages, maladies, etc. Pour réforme.

ARTICLE 2. — La création de nouveaux travaux à savoir : La construction de maisons pour les travailleurs, partout ; le labourage des terres incultes ; la plantation d'arbres fruitiers sur les routes et les places publiques ; la canalisation des eaux qui produisent des inondations, et la plantation d'arbres et de ronces au haut des montagnes afin d'empêcher la pluie à torrents de submerger les vallées, comme il arrive souvent dans l'île de Madère et parfois dans quelques pays de l'Europe ; la perforation des montagnes ; la création de nouvelles routes ; l'assainissement des marais, surtout dans les colonies européennes au sud de l'Afrique ; l'extermination des bêtes fauves ; en Europe celle des loups, en imitation de ce qu'on fait en France et de ce qu'on fit autrefois en Angleterre où la race fût complètement éteinte ; l'adoption des Allotment et Small-Holding acts de 1887 et de 1892 du parlement anglais pour intéresser l'ouvrier aux travaux agricoles, lui procurant ainsi un recours supplémentaire en cas de besoin et forcer le riche à vendre une portion de ses terres incultes au profit du pauvre, les legs (1); et l'établissement partout des caisses d'épargne.

En Suisse on retire un bon profit de ces cais-

_____

(1) Voir art : legs.

ses, parce qu'elles sont sous la protection des patrons d'usine, de la chambre municipale et qu'elles ont un grand nombre de contribuants volontaires.

Ce serait fort utile aussi d'établir des bureaux de placements gratuits partout, comme chez les anciens Egyptiens, où on proportionnerait du travail à tout artisan sérieux; et en plus, des associations coopératives pour toute industrie parmi les artisans, et des caisses d'assurance et d'emprunts comme celle du système Raiffensein en Allemagne et celles des compagnons Gessellenverein qui comptent aujourd'hui à peu près 100,000 associés. Il y a aussi celles des patrons Meisterverein et celles des apprentis Lehrlingverein. Les premiers ont plus de 400.000 associés, et les seconds ont des dizaines de milliers de membres. Le patron, l'ouvrier et tous ceux qui voudraient y contribuer, y verseraient une somme chaque trimestre afin que le sans-travail reçoive 2 francs par jour, au minimum, dans les grandes villes pendant le chomage.

Ces caisses seraient d'une grande utilité pour le laboureur et le petit paysan, et il faudrait qu'il y en eût dans toutes les communes rurales de tout pays, afin qu'ils puissent emprunter de l'argent, à 3 0/0 au lieu de 60 ou 80 0/0 comme ils sont souvent forcés de le faire actuellement pour acheter des bestiaux, des outils de labourage, du matériel, etc. Il y a déjà en France, en Autriche et en Italie plus de 4000 de ces caisses rurales et elles rendent d'importants services.

Cause 3. — *Le manque de religion et de morale.*

Le manque de religion conduit à l'immoralité et à la misère, même chez le riche, qui ne mettant pas de frein à ses passions se livre à toutes sortes de vices, tels que le jeu, les paris, les femmes, et souvent des crimes en sont le résultat. Chez le peuple, le manque de foi ouvre la porte à la paresse, à la convoitise et à la boisson qui sont les avant-coureurs de la noire misère et aboutissent au vol, à l'assassinat et conduisent à l'échafaud.

Article. 3. —On établirait une loi suprême de l'Etat en faveur de la religion d'où provient toute moralité. Par cette loi l'instruction religieuse serait obligatoire dans les écoles de tout pays, afin de préserver à l'avenir les gouvernements et tout le corps social des affreux résullast de l'athéisme, l'instruction sans Dieu ayant démontré qu'il y a énormément plus de crimes, surtout parmi les adultes, depuis l'ouverture des écoles athées. Le dimanche serait strictement observé par la fermeture de tous les magasins et des bureaux de poste, et par la suspension de tous les travaux publics ; ce qui loin de nuire au progrès du commerce et de l'industrie l'augmenterait, comme l'atteste le commerce dans les pays où l'on observe ce commandement de Dieu.

L'Eglise et l'Etat tous deux indispensables au maintien de l'ordre se mettraient d'accord pour empêcher l'immoralité et pour concourir au bien-être des masses ; car, comme l'a dit si bien M. Paul Vibereau : « La politique ne suffit plus au peuple. Il faut revenir à la morale qui pour être efficace doit être religieuse. L'illusion d'un culte scientifique s'est dissipée, comme tant d'autres illusions ».

Cause 4. — *La Paix Armée.*

Les puissantes forces militaires sont ruineuses et sont une des causes du mécontentement général et de la misère.

Article. 4. — Par une convention entre les

chefs d'Etat, le désarmement aurait lieu dans tous les pays où il y a la paix armée.

Cause 5. — La Guerre.

Comme il a été dit, tout ce qu'il y a de plus triste et de plus pénible dans la vie est représenté par ce mot : Guerre. La mort, d'horribles souffrances morales et physiques, la dépopulation, la faim, l'épuisement du Trésor sont ses funestes attributs.

Article. 3. — On déciderait tout différend politique entre deux nations par arbitrage et on propagerait la paix partout au moyen de conférences et de congrès. Tous les gouvernements s'entendraient à cet effet et de commun accord signeraient un traité de paix universelle. Par ce traité la guerre serait à tout jamais abolie. Les grandes puissances conserveraient pour le moment une armée qui n'excèderait pas 100.000 hommes et les autres nations à proportion pour sauvegarder leurs droits coloniaux et mettre les colons à l'abri d'une invasion de peuples barbares, qui, repoussant toute idée de progrès et de civilisation, auront probablement, pendant longtemps encore, recours aux armes pour décider une question quelconque et ne manque-

raient pas d'attaquer ceux qui seraient dépourvus de troupes.

On convoquerait de nombreux Congrès de
Paix, et on ferait de fréquentes conférences partout, sur l'Arbitrage entre Nations et la Fraternité des Peuples. Et les missionnaires interna-
tionaux prêteraient leur puissant appui à cette
propagande, en prêchant aux indigènes des colonies de tout pays et à tous les peuples sauvages de mettre bas les armes et de soutenir
eux aussi le système d'arbitrage.

Cause 6 — *Le Protectionisme.*

Ce système est préjudiciable au commerce et
à l'industrie internationale. Le petit commerçant
surtout, est lésé par ce système et se voit forcé
de vendre ses marchandises à un prix très élevé
à cause des droits énormes d'entrée. Or, la
clientèle du petit marchand n'étant pas riche
achète peu, vu les hauts prix des articles à
vente, ce qui empêche ce dernier de réaliser assez pour vivre, et finalement est cause d'une
faillite qui le ruine complètement.

ARTICLE : 6.— Le Libre-Échange limité. Par ce
système le commerce serait libre de frais de
douane, du moins dans tous les grands pays. On

excluerait cependant de cette règle tout objet en or ou argent, les bijoux, les vraies dentelles, les objets d'art par les grands maëstri, le tabac, les boissons fortes, les cartes à jouer, en un mot tout ce qui est luxueux et peu utile. Les taux de ces impôts somptuaires seraient alors le double ou le triple de ce qu'ils sont actuellement.

Quant au fer, au plomb et à la houille, si nécessaires au bien-être de tous, on prélèverait une lourde contribution sur leur importation dans les pays où il existe de ces minéraux. Alors les contrées qui en sont dépourvues seraient les uniques à profiter largement de ce commerce, et cela stimulerait le développement des ressources minérales dans les pays où il y a de ces mines, mais, où on ne les exploite pas, vu qu'on peut obtenir ces denrées de l'étranger à un prix infime. Les grandes hausses et les monopoles étant interdits cette mesure aurait de bons résultats.

Il y a des petits pays où l'on ne pourrait peut-être pas adopter pour le moment le système du libre-échange, l'argent du Trésor de ces pays provenant principalement des droits de douane. Ils maintiendraient donc le statu quo, et plus tard voyant progresser le commerce et accroître les

richesses partout où le protectionisme aurait
été aboli, ils diminueraient peu à peu leurs taux
fiscaux et finalement suivraient le même système
salutaire.

Cause 7. — *Les Monopoles.*

Cette injuste manière de s'enrichir aux dépens
du petit commerçant qui se voit ruiné par les
spéculations monstres des monopolisateurs est
devenue très générale. C'est surtout dans les
grandes capitales, telles que Londres, Paris et
New-York, où il y a des magasins énormes que
les petits marchands sont littéralement écrasés
par les grands. La Haute Banque aussi et les
accapareurs de blé, de sucre, de cuivre, de houille,
d'étoffes, en un mot de toutes sortes de produits, font des affaires hors ligne et ne se sou-
cient guère de leur pauvres confrères. Ces
derniers peuvent faire faillite, ou mourir de
faim, cela ne les touche nullement. Pourvu
qu'ils s'enrichissent à vue d'œil, qu'ils amas-
sent des milliards, ces égoïstes sont contents et
heureux, et ne s'inquiètent pas des petits, qu'ils
ne regardent pas même en passant.

Et si quelque écrivain, ou quelque orateur
franc et loyal les attaque et leur rappelle le mal

qu'ils font à des milliers de gens et à leur pays. qui en souffrira amèrement — peut-être après leur mort — quand les petits devenus forts se révolteront en masse contre les grands ; ils ricanent, et répondent par un haussement d'épaules et par le fameux aphorisme: « Après moi le déluge. »

Cependant il y a des lois dans le code pénal qui pourraient les rappeler à l'ordre. Mais, malheureusement il y a des accommodements avec la justice et ces lois, qui, dans bien des pays ne sont pas assez strictes et ont le désavantage d'être presque toujours en souffrance. Souvent ces grands financiers, monopolisateurs, par leur trafic d'accaparement du blé, du cuivre, de la houille etc., ont fait doubler le prix des marchandises en 2 ou 3 mois, et cette hausse qui leur rapporte des millions est la ruine des petits marchands et fabricants.

Le peuple s'en plaint amèrement et il a raison, car les faillites du petit patron sont cause de la misère de ses ouvriers, qu'il se voit forcé de congédier. Combien d'honnêtes gens deviennent ainsi du jour au lendemain, des indigents sans en avoir la faute, et sans pouvoir le rémédier !

Voici ce que nous dit à ce sujet un orateur

français : Il y a à Paris 20 maisons qui font un milliard d'affaires par an. Elles occupent 10.000 employés. Or, à la place de ses 20 maisons on pourrait en avoir 20,000 faisant chacune 50.000 francs, par an, soit un bénéfice de 12 à 15.000 francs. Chaque famille comptant une moyenne de 6 personnes, cela ferait 120.000 personnes ; chaque maison employant en moyenne 4 personnes ; cela ferait 160,000 employés ; soit en tout 280.000 personnes qui meurent de faim au profit de 20 maisons (1).

ARTICLE 7. — On interdirait les monopoles avec l'exception de ceux de l'Etat, tels que le tabac les allumettes, etc. Le petit commerçant rural à qui la concurrence est préjudiciable en serait excepté aussi à cause du nombre restreint d'habitants. Ainsi dans les endroits où il n'y aurait pas un gagne-pain pour 2 boulangers, pour 2 marchands de vin, deux bouchers ou 2 épiciers, la concurrence serait interdite, vu que la misère en est toujours le triste résultat.

Cause 8. — Les terres incultes.

Ce mal est ruineux pour le peuple, surtout

---

(1) Voir la Fin d'un monde, par. M. E. Drumond.

pour le laboureur. C'est encore un monopole, celui du sol, et il est inique. Il y a dans tous les pays de l'Europe à l'exception de la France, de la Suisse, de la Suède, de la Norvège et de la Hollande des portions énormes de terrain inculte dont on pourrait profiter, ce qui serait un grand bien pour les masses et donnerait de l'ouvrage au sans-travail.

Article 8. — Tout propriétaire ayant des terres incultes serait tenu d'en cultiver une portion et de vendre l'autre par lots à des laboureurs (1), afin que le pauvre vieux travailleur des champs, courbé sous le poids des années n'ait plus à labourer la terre d'autrui, ou à mendier son pain, et puisse vivre à son aise. Les possesseurs de terres de chasse très étendues seraient forcés aussi à vendre, au profit du peuple, une certaine portion de ce terrain.

L'État ou la Chambre Municipale en ferait l'acquisition et la répartition et se ferait payer peu à peu par acomptes à des termes fixes. Ou bien les propriétaires vendraient eux-mêmes directement des portions de terre aux plus hon-

---

(1) Voir les Actes du Parlement anglais « The Allotment et the small Holding acts. »

nêtes campagnards besogneux de l'endroit, et ceux-ci seraient tenus de les leur payer au fur et à mesure qu'ils en retireraient le produit. Ils seraient comme les fermiers de ces propriétaires jusqu'à l'amortissement de leur dette.

Quant à l'étendue de ces lots de terre, où l'on bâtirait des maisonnettes, elle dépendrait du nombre de personnes de chaque famille. Par exemple, le vieux garçon n'aurait besoin que de quelques acres, tandis que le père d'une nombreuse famille aurait besoin de 8 ou 10 fois plus de terrain, qu'il ferait cultiver par ses enfants. De plus, il serait permis au petit campagnard de prendre du grès, du sable et des pierres sur les terres incultes du riche en attendant qu'il les utilise pour le bien commun.

Cause 9. — La cupidité du mauvais patron et la loi d'airain ou les gages d'affamés.

Il y a un grand nombre de commerçants et d'industriels qui s'enrichissent en exploitant les ouvriers pauvres. Ceux-ci après avoir passé leur vie à travailler, surtout à la tâche, pour un rien, se voient dans leurs vieux jours voués à la misère et forcés de mendier leur pain.

ARTICLE 9. — On fixerait un taux de salaire juste

pour le travailleur et pour tout petit employé, afin qu'ils ne soient plus exploités et qu'il n'y ait plus de malheureux travaillant pour l'industriel, le commerçant et l'agriculteur à la tâche, à un prix infime qui ne suffit même pas pour se procurer du pain. Et tous ceux qui refuseraient de payer à leurs employés, le taux de salaire imposé par la loi seraient mis à l'amende.

Alors il n'y aurait plus de gages d'affamés et la loi d'airain ne pèserait plus sur le travailleur (1). En cas d'accident arrivé chez le patron, celui-ci serait forcé de donner une indemnité réparatrice aux victimes de cet accident, ou à leurs familles en cas de décès, sans avoir recours, pour cela, à la caisse d'épargne de ses salariés et sans endommagement du capital individuel.

De plus, dans le cas du riche fabricant, agriculteur, patron d'usine ou commerçant, tout bon travailleur après un an de service chez son

____

(1) D'aucuns sont d'opinion que cette mesure ne serait pas juste, car, disent-ils tout mauvais ouvrier serait alors renvoyé par le patron et ne trouverait de l'emploi nulle part. Mais notons ici, que le taux de salaire serait baissé dans ce cas là, et le patron pourrait marchander avec son ouvrier comme par le passé, toutefois, après avoir prouvé qu'il était dans son droit de le faire.

chef aurait droit à un intérêt dans les bénéfices de la maison partant de 75.000 francs, et après 8 ans à un legs dans son testament. Ainsi, ceux qui travailleraient chez un riche patron auraient en plus de leur salaire, selon le profit de la maison droit à 15 ou 20 pour 0/0 sur les bénéfices nets à partager entre eux, et par conséquent, travailleraient ferme sans jamais se révolter ni se plaindre.

Cela créerait un lien entre l'employeur et l'employé et serait un contrat de paix pour l'avenir, car, en assurant ainsi l'union du capital et du travail, et en fixant d'une manière équitable et définitive le taux des salaires et la responsabilité du chef en cas de victimes du devoir parmi ses employés, on atteindrait le but tant désiré — la conciliation du patron et de l'ouvrier.

Cause 10. — Les Grèves.

Les grèves ne sont pas seulement nuisibles au patron et à l'ouvrier et sa famille, ceux-ci manquant parfois de pain pendant leur durée, mais à la nation entière, qu'elles appauvrissent souvent de plusieurs millions dans quelques semaines, comme cela est arrivé dernièrement en France lors de la grève à Marseille, et en Belgique lors de la grève générale.

Article 10. — Si malgré les réformes en faveur des travailleurs une question d'intérêt s'élevait entre le patron et ses ouvriers, elle serait décidée par arbitrage pour empêcher la grève. Et il y aurait une loi par laquelle tout patron riche serait tenu de céder aux réclamations de ses ouvriers, si ces réclamations étaient justes, sous peine d'encourir une lourde amende.

Cause 11. — *La dépendance du travailleur.*

Etre toujours sous la dépendance des capitalistes est encore une des souffrances du peuple. Le travailleur ne peut rien sans l'entrepreneur et se trouve souvent complètement à sa merci. Quand le travail manque, par exemple, il se voit forcé d'accepter toute offre d'emploi, si mauvaise soit-elle, car la loi d'airain pèse sur lui, et sous un mauvais patron, exploiteur du sans-travail, il est mal rémunéré, et sa position rappelle celle des anciens esclaves.

Article 11. — Ce mal serait en quelque sorte remédié par le taux fixe des salaires (voir article 9.) Et les ouvriers pourraient aussi établir, entre eux, des petites industries de tout genre afin d'être délivrés du joug du mauvais patron. Étant prévoyants et économes ils amasseraient de l'argent pour ces entreprises coopératives, et leur banque (voir article 27) leur viendrait en aide pour un emprunt à cet effet.

Cause 12. — La longue journée et le surmenage.

Dans les fabriques et les usines, sauf quelques exceptions, la journée est trop longue et les travailleurs sont surmenés ce qui, après quelques années, les affaiblit les rend anémiques et conduit à la misère, car un homme malade ne peut pas gagner son pain.

Article 12. — Les Trois-Huit. La journée du travailleur serait réduite à huit heures partout, sans aucune diminution de salaire, ce qui ne serait nullement préjudiciable au patron d'usine ou au fabricant, car il est prouvé que celui qui travaille pendant moins de temps, travaille mieux et plus vite. Quant à ceux dont les travaux sont nuisibles à la santé, tels sont les mineurs, les travailleurs en plomb, en vif argent etc., leur journée serait de sept heures seulement.

12.

Cause 13. — La concurrence des vieux tra- vailleurs,

Les ouvriers et les laboureurs étant pour la plupart si mal rémunérés pour leurs services, et par conséquent ayant très peu de moyens, sont forcés de travailler toute leur vie : ce qui augmente la misère du double, car la concurrence de jeunes et vieux est énorme.

Article 13. — Contre ce grand mal il y aurait la retraite ouvrière dont il est question plus loin, les maisons pour l'artisan, les lots de terre pour le laboureur, les caisses d'épargne et les legs des riches (voir art. 39). Alors, il ne serait plus nécessaire d'employer de vieux travailleurs vu qu'ils seraient à l'abri du besoin. Ils pourraient travailler pour leur compte chez eux ; mais il ne leur serait pas permis de faire concurrence aux jeunes ouvriers ou laboureurs, afin de faire place aux sans-travail.

Ces mesures amélioreraient de beaucoup la position des travailleurs en général, car ils ne se verraient plus aux prises avec la trop grande concurrence et trouveraient ainsi de la besogne plus facilement.

Cause 14. — L'emploi de l'enfant.

Souvent par économie on emploie des enfants dans les fabriques. Cela les rend malades et les empêche de grandir et de se développer. De plus, c'est un grand tort fait au sans-travail qui, manquant de pain, se voit supplanté par ces petits infortunés. Un industriel, nous dit un écrivain portugais, a employé ainsi un grand nombre d'enfants dans sa fabrique. Il les faisait travailler seize heures par jour et les forçait à chanter pour les empêcher de s'endormir, car la fatigue était telle, que ces petits malheureux tombaient de sommeil.

Article 14. — L'interdiction d'un pareil abus et la punition sévère de tels coupables mettraient fin à cette iniquité.

Cause 15. — Le manque d'habitations saines pour les travailleurs.

Ce mal est énorme. Quoi de plus triste et de plus insalubre que ces petites chambres d'ouvriers, où il n'y a presque pas de place pour bouger et où ils sont forcés de vivre avec leurs femmes et leurs enfants, souvent pendant de longues années. Une seule pièce pour tous ! — C'est

barbare. Nous le disons ailleurs : c'est la cause
de bien des vices, entre autres de celui de la
boisson; car l'ouvrier se trouvant si mal logé fréquente les marchands de vins. Le manque d'air
et d'espace dans ces misérables chambres est
tout ce qu'il y a de plus mauvais pour l'hygiène.
Cela donne des maladies, fait dégénérer les ra-
ces et appauvrit, car quand l'artisan est privé de
santé, le travail devient impossible, et la faim
en est le pénible résultat.

Article 15. — L'Etat ou la Municipalité ferait
bâtir des maisons avec un jardinet dans toutes
les villes et leurs banlieues pour les travailleurs.
La plus grande économie serait observée dans la
construction de ces maisons, afin que les locataires en deviennent les propriétaires, après 15 ou
17 ans de paiement de loyer à un prix modique ;
toutefois tel, qu'au bout de ce temps l'Etat ait
retiré les frais de construction et l'intérêt à 2 ou
3 0/0 de l'argent employé.

Il est probable alors que des architectes
philanthropes et des capitalistes altruistes et
généreux, car il y en a (1), suivissent cet exem-

---

(1) Nommons ici quelques uns de ces riches philanthropes. En France MM. de Rothschild, Bonjean, Rollet, Osiris,

plo salutaire. Ce serait un moyen fort simple
de venir en aide à l'ouvrier, et de retirer aussi
un petit intérêt de ce superflu du riche, si souvent relégué au fond d'un coffre-fort, où il ne
rapporte rien, et où il est convoité par les voleurs qui, parfois, réussissent à l'enlever.

Ces demeures hygiéniques auraient de trois à
huit pièces afin que les petites et les grandes
familles soient à leur aise. Cette mesure serait
d'un grand avantage partout pour le corps social,
Elle ferait naître, chez l'artisan socialiste même,
l'amour de la propriété et celui de la famille, ce
qui contribuerait à la tranquillité publique; et de
plus, elle fournirait une occupation au meurt-de-

Chauchard, feu Mme Boucicaut, etc. En Angleterre feu lord
Shaftesbury et MM. Moses et Toynbee, Lady Burdett Coutts,
Robert Miller Esqre et M^{rs}. Miller, Sir James et Lady-Stirling,
Mrs R. Hill et feu Miss L. Probyn, M. P. Edwards, Carnegie
Esqre, etc. Ajoutons ici qu'il y a plusieurs hospices à Londres
pour les Français, soutenus par des Londonniens. En Suède
feu le Dr Alfrède Nobel, Mme Fredrika Bremer, M. S. Meselgren et bien d'autres. En Portugal il y a la famille royale, la
Reine Amélie soignant elle-même les malades parmi les malheureux et visitant les pauvres; et plusieurs personnes de l'aristocratie font un bien immense, comme aussi D^e Maria Barreto Bastos et bien d'autres encore. En Espagne le Marquis de
Comillas, D. Eusebio da Guarda D^e Ernestina de Villena, etc.

faim. On l'a déjà adopté dans quelques grands centres, surtout à Londres et à Philadelphie et nous voyons avec plaisir qu'elle commence à prendre racine à Bordeaux, à Lyon, et à Amiens.

Cause 16. — *Les rentes d'Etat.*

Dans quelques pays, l'Etat donne des apanages énormes à des gens qui n'en ont nullement besoin, étant très riches. Citons par exemple dans un des pays de l'Europe, le duc de X..., possesseur d'une immense fortune et propriétaire d'un château magnifique. Cette maison princière qui a 240 chambres coûta à l'Etat 16 millions de francs. Elle contient une collection d'objets d'art incomparablement belle et d'une valeur immense et est entourée de 800 hectares de terres et bois. Or, de telles dépenses affectent la nation entière et appauvrissent les travailleurs, qui se voient forcés de contribuer au paiement de rentes colossales, représentant des millions, par la voie des impôts, car les apanages abondent.

Article 16. — On diminuerait ces rentes, et dans le cas du millionnaire, on les supprimerait.

Cause 17. — Trop de gros employés publics.

Ce mal, comme les apanages, existe dans presque tout pays et affecte le Trésor, par conséquent le peuple.

Article 17. — On démettrait tous les gros employés dont on peut se passer, et s'ils étaient besogneux, ce qui est rare, on leur donnerait des lots de terre.

Cause 18. — Le salaire des petits employés.

Le trop modique salaire du petit employé, surtout de celui des postes et des chemins de fer contribue aussi à répandre la misère.

Article 18. — Augmenter le taux de tous ces salaires par un nouvel arrêté, mettrait fin à cette injustice.

Cause 19. — Les appointements des femmes et leur droit au travail.

Dans bien des pays les femmes employées à la poste, au télégraphe et dans d'autres bureaux publics et privés sont très mal rémunérées. Il y en a qui ont 50 p. 0/0 de moins que les hommes remplissant les mêmes fonctions, ce qui est d'une noire injustice et les appauvrit. De plus, il

y a des travaux qu'elles pourraient fort bien entreprendre et qui leur sont interdits.

ARTICLE 19. — On établirait une loi par laquelle
la femme employée dans un bureau quelconque
aurait droit aux mêmes émoluments que l'homme
qui a une situation analogue. Elle aurait aussi le
même droit au travail que le sexe fort, et ce ne
serait que les travaux pénibles, ceux au delà de
ses forces qui lui seraient interdits : tels sont les
travaux des mines, le labourage des champs, etc.

En plus, toute femme majeure, mariée ou
non, serait maîtresse absolue de sa fortune, ou
du fruit de son travail, provenant de n'importe
quelle source, afin de l'empêcher d'être exploi-
tée par des parents prodigues, ou d'être victime
comme cela arrive souvent, d'un mari joueur ou
ivrogne ; car même dans les pays où il y a des
lois qui protègent la femme contre la tyrannie
des siens, ces lois sont faibles (1).

Cause 20. — *Le manque de monnaie de billon.*

Le manque de liards, tels que les centimes

---

(1) L'auteur connaît personnellement une malheureuse
jeune femme qui a perdu la raison complètement parce
que son père a gaspillé, non seulement sa propre fortune
mais celle de sa fille qu'un oncle lui avait léguée.

en France, les farthings en Angleterre, les kreu-
zers en Autriche et les anciens maravadis en
Espagne est encore un mal qui pèse sur le peuple, dans quelques pays, et affecte les pauvres en
général, car ils paient presque toute consommation plus cher qu'ils ne le devraient, faute de ne
pouvoir fournir l'appoint en petite monnaie. En
France, par exemple, le travailleur qui achète
par petites portions se voit forcé de perdre
quelques centimes sur tout achat, le commerçant
gardant toujours pour lui le sou immanquablement annexé à tout article et qui est indivisible.

Or, un sou de plus sur chaque objet acheté
en détail plusieurs fois par semaine est une taxe
assez lourde, surtout pour le sans-travail avec
une nombreuse famille, et peut monter à 10 ou
12 francs par mois, ce qui représente par an un
total de 120 ou 144 francs. Ajoutez-y l'impôt et
ce qu'il donne en plus de sa valeur au marchand
sur chaque denrée, par la raison d'acheter en
détail, et il va sans dire, que le déshérité est littéralement écrasé sous le poids de ces extorsions,
qui peuvent monter à 3 ou 400 francs par an en
plus de la valeur réelle de ces articles (1).

____

(1) Les Indiens coupent les roupies avec des pinces
spéciales pour faire l'appoint d'un marché.

Article 20. — Frapper de la petite monnaie, dégrever les travailleurs de tout impôt et empêcher les abus dans le commerce par un arrêté à cet effet seraient les remèdes à ce mal.

Cause 21. — *L'alcoolisme, la paresse et le vagabondage.*

Il est dit que la boisson est une des causes de la misère, mais parfois la misère est cause de la boisson ; car le malheureux sans pain qui n'a pas le moyen de se procurer un repas prend souvent 2 sous d'eau-de-vie pour oublier qu'il a faim, et dans son état de faiblesse cela lui monte à la tête et l'enivre. Puis, peu à peu il en prend l'habitude et devient un ivrogne.

L'oisiveté aussi est rarement volontaire parmi le peuple, et il y a bien moins de vagabonds qu'on ne se l'imagine. Quand un homme cherche partout du travail sans en trouver, il est souvent traité de paresseux et de vagabond, mais c'est presque toujours un infortuné qu'il faut plaindre et aider. Il est vrai qu'il y a des gens qui méritent ces épithètes, par leur goût de l'oisiveté et de l'alcoolisme, et pour ceux-là, il n'y a pas d'excuse quand la misère les atteint.

Observons ici, cependant, que s'il y avait moins

de débits de vins partout, il y aurait moins d'alcooliques, car l'occasion ne fait pas seulement
le larron, mais l'ivrogne. Or, il y a des pays où
le commerce des boissons fortes est tellement
répandu que cela devient un fléau. On ne fait pas
deux pas dans les rues sans voir à droite et à
gauche un marchand de vin, et ce mal n'existe
pas seulement dans les villes de ces pays, mais
dans les campagnes, ce qui fait que le vice de
l'alcoolisme augmente de jour en jour, entraî-
nant à sa suite le vagabondage, le paupérisme,
les crimes, la dégénération de la race et la dépopulation. Et si l'on n'y met pas fin par d'énergiques réformes, cela aboutira à la décadence de
ces pays, car les alcooliques engendrent des
idiots, des épileptiques, des fous même.

Article 21. — Il y aurait une loi draconienne,
par laquelle il ne serait permis qu'un certain
nombre de débits de vin dans chaque ville et
dans chaque campagne, c'est-à-dire qu'il n'y en
aurait qu'en proportion de la population. Alors,
il y aurait moins d'ivrognes et moins de faillites
parmi les vendeurs de vin et d'alcool, car la concurrence ne serait pas grande. Et ceux qu'on
forcerait à fermer leurs boutiques pourraient

les réouvrir pour vendre des boissons simples, telles que le thé, le café, le lait, les sirops, etc. La fermeture de ces débits se ferait en tirant au sort, afin qu'il n'y ait pas de privilégiés parmi les marchands de vins. Quant à la vente d'absinthe, de vermouth, de bitter, d'amer picon elle serait interdite, vu que ces boissons sont vénéneuses.

De plus, tout marchand de vin qui vendrait un verre d'alcool à quelqu'un en état d'ivresse serait mis à une très lourde amende. On augmenterait le nombre des établissements anti-alcooliques, où moyennant un petit salaire les ivrognes et les vagabonds seraient tenus de faire un travail qui, sans être au-dessus de leurs forces les tiendrait constamment occupés et aiderait à les maintenir.

On ferait prendre aux ivrognes des remèdes anti-alcooliques et suivre un stricte régime, et deux fois par semaine il y aurait dans ces asiles des conférences sur la sobriété auxquelles on les ferait assister.

Il y aurait aussi, partout, des ligues de tempérance et peu à peu ces malheureux se corrigeraient de leur vice et en auraient même horreur. Alors, et alors seulement on pourrait sans trop

violer la justice punir le mendiant, si cruellement traité de vagabond et de vaurien, car ses
souffrances, ne seraient pas, comme elles le sont
souvent aujourd'hui, imméritées et inévitables,
puisqu'il y aurait du travail pour tous, et que personne n'aurait à lutter contre la faim.

Cause 22. — *La méchanceté du riche envers ses parents pauvres.*

Il y a énormément de pauvres honteux avec
des parents possédant de grandes fortunes. Ces
infortunés sont complètement abandonnés par
ces gens cruels et inhumains. Souvent il arrive
que ne trouvant, ni occupation, ni secours, ils
meurent de faim sans se plaindre, et sans que
le public le sache ; souvent aussi ils se donnent
la mort, tellement ils sont désespérés, eux et
leurs enfants, de se voir dans la misère et mourant peu à peu de privations de toutes sortes.

Or, si on forçait par une loi prévoyante (1)
les riches à secourir leurs parents pauvres, on
ne verrait plus des cas scandaleux de misère,

______

(1) Cette loi existe en Portugal, voir (Codigo Civil) et
dans quelques autres pays, mais elle est rarement mis e
en vigueur.

comme celui dont nous parlait la princesse de X...
il y a quelques années, c'est-à-dire, des gens ti-
trés et fort riches avec de malheureux parents
affamés, qu'ils ne voulaient pas secourir, et qui
n'osaient pas même s'approcher de ces gens
orgueilleux et sans cœur. On ne verrait pas non
plus une duchesse mourir de faim dans une mansarde comme la malheureuse duchesse de C...,
un duc demandant l'aumône dans les rues de
Paris, un marquis tirer une charrette à bras et
tomber mort d'épuisement sur la voie publique,
un comte qui se voyant malade et sans le sou
perdre la raison, comme cela est arrivé tout dernièrement, et le fils d'un richard jouant d'un or-
gue de Barbarie dans les rues. Il y a bien d'autres cas encore qui sont arrivés à notre connaissance, mais ils sont trop nombreux pour être
énumérés ici.

Article 22. — Pour éviter de tels malheurs, de
telles cruautés, on limiterait le droit de tester (1)
et on taxerait d'une lourde amende tous ceux
qui abandonneraient ainsi leurs parents. Quant
aux gens de bonne famille, vieux ou malades,

---

(1) Voir art. 39.

sans ressources et sans de riches parents, s'ils avaient travaillé pendant qu'ils l'avaient pu, ils auraient les mêmes privilèges que le travailleur.

Cause 23. — *L'injustice des impôts en général.*

Les contributions injustes existent plus ou moins chez tous les peuples. C'est un des grands griefs du déshérité qui, indigné de se voir accablé sous de lourds impôts, se révolte. Faire payer le petit autant que le grand, niveler les taxes au lieu de les équilibrer selon le revenu de chaque individu est un système inique. Et il y a pis que cela, car, il y a des pays où quelques terres de millionnaires en sont exemptes.

En Angleterre, deux tiers de « l'income tax » étaient payés autrefois par des gens qui avaient à peine de quoi vivre. Nous en avons été témoins à Londres, où nous avons connu une pauvre famille qui n'avait qu'une petite propriété. Ces gens se voyaient forcés de louer cette maison pour vivre, ne gardant pour eux que deux ou trois pièces et prenant leurs repas, qui consistaient souvent en une saucisse et un morceau de pain, dans la cuisine au sous-sol. Or, les taxes sur cette propriété étant très lourdes elles absor-

baient presque tout le profit du loyer. M. Threlfall traitant ce sujet dit : « Il y a cependant des
lords qui possèdent d'immenses terres de chasse
et de moorland (terres incultes) pour lesquelles
ils ne payent aucune contribution. Mais, notons
ici que, grâce à deux actes récents du Parlement, ces abus ne se commettent plus dans ce
pays, où l'on a bien à cœur le progrès et la
liberté.

Dans un autre pays, il y a un cas remarquable, c'est celui d'une famille presqu'exempte
d'impôts. Les cinq branches de cette famille possèdent les uns disent 7, les autres disent 10
milliards. Or, admettant que cet énorme capital ne rapportât que 10 p. 0/0 au lieu de 20 à
30 comme il est dit, ce serait un milliard de
rente, et si en justice on percevait un impôt là-
dessus, en proportion de ce revenu colossal, un
extra de plus de 425 millions entreraient annuellement dans les coffres du Trésor de ce pays. Il
y a d'autres cas dans ce genre et cela excite le
peuple à la révolte.

Article 23. — Il y aurait une loi par laquelle
les travailleurs seraient exempts, non seulement
d'impôts domiciliaires, mais de tout impôt di-

rect et indirect. Pour indemniser le Trésor de
cette perte, on taxerait le riche bien plus qu'il ne
l'est aujourd'hui, selon le montant de son revenu
et de ses biens de tout genre. Et les impositions
sur les objets de luxe et les alcools seraient
dix ou douze fois plus lourdes que par le
passé.

Alors, en France, le pauvre paysan qui se bâ-
tit une petite maison ne serait plus contraint, à
cause des contributions, à se passer d'un certain
nombre de portes et de fenêtres, si nécessaires
à l'hygiène. Alors aussi, tout laboureur désire-
rait, plus que jamais, posséder une habitation à
lui, cette arme puissante contre le collectivisme
qui ne reconnaît pas le droit de la propriété. Et
le viticulteur pauvre ne serait pas le dernier à
profiter de cette extinction d'impositions, qui
lui permettrait de vendre son vin, sans crainte
de perdre dessus, comme cela arrive parfois aujourd'hui.

Impôts Indirects.

L'homme aisé et le riche seraient seuls tenus de payer la taxe sur les consommations, ce
qui ferait de cet impôt un impôt progressif. On
irait chez tout ce monde recouvrer cette contri-

bution en même temps que les autres. (Voir Economie Politique, page 105). Ils payeraient sur leur sel, leur vin, leur bois, etc., une taxe en rapport avec leur revenu, leur propriété, leur industrie ou commerce, leur emploi et le nombre de personnes qu'ils auraient chez eux.

On serait taxé partant de 1000 fr. de revenu jusqu'à 3,000 fr. au taux actuel ; de 3,000 jusqu'à 6,000 francs un peu plus que cela; de 6,000 à 12,000 francs, le double ou le triple de la taxe actuelle et ainsi de suite progressivement.

Par ce système, chaque individu de la classe aisée payerait annuellement, comme il a été dit, pour 3 ou 4 travailleurs, le riche pour 6 ou 8 et le millionnaire et le milliardaire pour 12, 14 ou même 16, ce qui ne serait pas lourd vu que ces impôts sont légers.

Impôt progressif sur le revenu.

On frappperait de cet impôt tout propriétaire et capitaliste, et loin de s'arrêter à un revenu de 100.000 francs, on augmenterait, au-dessus de ce chiffre, le taux de la contribution considérablement.

Echelle approximative de cet impôt pour les veufs et les célibataires.

Les célibataires et veufs sans enfants seraient taxés partant d'un revenu de :

2.500 à	10.000 fr.	à raison de 0.50 c.	p. 0/0
10.000 à	20.000	—	1	p. 0/0
20.000 à	30.000	—	1.50	p. 0 0
30.000 à	40.000	—	2	p. 0/0
40.000 à	50.000	—	3	p. 0/0
50.000 à	70.000	—	4	p. 0/0
70.000 à	90.000	—	6	p. 0/0
90.000 à	110.000	—	8	p. 0 0
110.000 à	140.000	—	10	p. 0/0
140.000 à	170.000	—	12	p. 0/0
170.000 à	200.000	—	14	p. 0/0
200.000 à	300.000	—	16	p. 0/0
300.000 à	400.000	—	18	p. 0/0
400.000 à	500.000	—	20	p. 0/0
500.000 à	600.000	—	22	p. 0/0
600.000 à	700.000	—	24	p. 0/0
700.000 à	1 million	—	28	p. 0/0

Et pour tout revenu supérieur à un million 30 ou même 35 p. 0/0.

Les riches diront que c'est lourd, mais comme il s'agit de remplir les coffres du Trésor, de dégrever les travailleurs et d'équilibrer les fortûnes, il faut bien avoir recours à des moyens énergiques ; d'ailleurs 35 0/0 dans le cas du millionnaire et du milliardaire, sans charges, est un taux très léger.

Cependant, tout veuf et célibataire ayant à maintenir ses parents, frères, sœurs, neveux ou cousins, étant dans le cas du père de famille, on observerait le même taux pour lui que pour ce dernier. Mais s'il vivait en concubinage et qu'il eût des enfants illégitimes, il serait tenu de payer l'impôt comme s'il n'avait pas de charges, à moins qu'il n'épousât sa maîtresse et légitimât ses enfants. Il va sans dire, que la femme dans le même cas, serait soumise au même règlement.

Quant à l'homme marié avec un enfant, il serait moins taxé que le veuf et célibataire, c'est-à-dire, partant d'un plus grand revenu, donc de 3.500, francs et le taux de l'impôt serait de 0.50 c. p. 0/0. Et s'il avait une nombreuse famille il ne payerait l'impôt que partant d'un revenu bien plus élevé, et la taxe serait graduée selon le nombre de ses enfants ; chaque enfant en plus, servant de point de départ pour le taux de la contribution ; car plus il y en aurait et plus il faudrait posséder de rentes pour les maintenir

et pour être à même d'encourir l'imposition..
Ainsi un ménage avec 2 enfants payerait l'impôt
partant de 4.000 à 12.000 francs au taux de
0.50 c. 0/0 et il payerait moins que cela s'il avait
3 enfants, et s'il augmentait sa famille il serait dé-
grevé de l'imposition. Mais, nous n'entrerons pas
dans des détails à ce sujet, vu que l'impôt général est assez bien gradué, sous ce rapport, dans
quelques pays, par exemple, dans le Duché de
Saxe Gotha.

Ajoutons seulement qu'on s'efforcerait à vaincre tout obstacle, toute difficulté pour arriver à
mettre le système de la progressivité en vigueur
partout ; et cela d'une manière juste et équitable ;
donc, allégeant le petit aux dépens du grand, au
lieu de faire le contraire, comme dans l'actualité.

Dans le cas des rentes viagères, comme le
rentier sacrifie son capital, l'impôt serait diminué,
et il ne payerait que partant d'une rente bien
plus élevée que celle du capitaliste. Le célibataire, par exemple, ne payerait de contribution
que partant d'une rente, de 5.000 francs au lieu
de 2.500 et l'homme marié de 6.000 francs au
lieu de 3.000.

Impôts sur les successions, les donations, les ventes, les payements, les procès, les aliénations, etc. (1).

Toutes ces taxes seraient augmentées pour le riche et abolies pour le pauvre. Ainsi, celui qui ne possédant rien, hériterait de 2.000 ou 3.000 fr., ou de quelques petits bijoux ne serait soumis à aucune contribution, vu qu'un tel legs ne l'enrichirait pas.

On ne ferait payer l'impôt sur les successions que partant d'un legs de 3.000 francs dans le cas du pauvre, et cela très légèrement, à 1/2 p. 0/0. Mais celui qui aurait 3.000 francs de revenu et qui hériterait de 1.000 à 2.000 fr. n'étant pas tout-à-fait dans ce cas, serait forcé de payer 1 p. 0/0 sur ce legs, et s'il jouissait d'un revenu de 4 ou 5.000 francs, il payerait 2 p. 0/0.

Quant au riche, il serait frappé bien plus lourdement qu'il ne l'est dans l'actualité, même sur les legs les plus insignifiants, tels que, 1 ou

____

(1) Le riche est d'avis que la progressivité est une atteinte à sa liberté. Que dire donc de la cruelle atteinte à la liberté du pauvre qui est écrasé sous le poids des impôts directs et indirects et forcé de se priver du nécessaire, pour céder au riche le privilège de vivre allégé de toute contribution lourde ? car, sous le système fiscal actuel, ce dernier n'est pas plus taxé que le mendiant, sur les consommations.

2.000 francs, des petits bijoux, ou tout autre chose de peu de valeur. Et celui qui hériterait de 300 à 500.000 francs de son père ou d'un proche parent quelconque payerait 14 p. 0/0, et si cet héritage lui venait d'un non-parent, l'impôt serait de 20 p. 0/0, et dans le cas du riche de 25 ou 30 p. 0/0.

On suivrait le même système pour les procès, donations, ventes, payements, aliénations, etc., car tout impôt serait progressif. Ainsi, une taxe de 12 p. 0/0 pour un homme de la classe aisée serait baissée à 1. p. 0/0 pour celui qui n'a que 2 ou 3000 francs de rente, et haussé à 30 ou 35 p. 0/0 pour le riche ; car la privation que tout impôt fait subir à celui qui possède très peu est lourde, tandis qu'elle est insignifiante pour l'homme de la classe aisée, et dans le cas de l'opulent, elle n'existe même pas.

Par exemple, un célibataire avec 100.000 francs de rente et qui payerait même 10 p. 0/0 à l'Etat sur ce revenu, et sur un héritage de 300.000. francs 14 p. 0/0, ne serait pas lourdement taxé, puisque ces contributions seraient prises sur son superflu. Mais celui qui n'aurait que 2.000 francs de revenu et à qui on ferait payer 1 p. 0/0 là-dessus, et 1.25 p. 0/0 sur un legs de 3.000 francs serait lésé par ces contributions, prises sur son nécessaire. Malheureusement, c'est le cas aujourd'hui dans presque tous les pays, les impôts étant fort mal distribués, et par conséquent, le pauvre payant plus que le riche.

Prouvons ce que nous disons par une statistique d'héritages, d'un des principaux pays de l'Europe, et que nous avons en ce moment devant nous :

Droit payé par les enfants héritant de leurs père et mère et qui varie de la façon suivante :

1.	0/0 pour les héritages de	1 à	2 000 fr.
1, 25 0/0	—	2 000 à	10 000 -
1, 50 0/0	—	10 000 à	50 000 -
1, 75 0/0	—	50 000 à	100 000 -
2 — 0/0	—	100 000 à	250 000 -
2, 50 0/0	—	250 000 et	au-dessus.

Or, ces successions sont-elles frappées par la loi des finances selon leur importance ? et devrait-on commencer de si bas, surtout dans le cas du pauvre ? Par cette échelle de l'impôt, un homme qui hérite de 250.000 francs et au-dessus, ne paye que le double de celui qui hérite d'un misérable millier de francs. Cependant entre 1000 et 250.000 francs il y a une différence considérable, un abîme même. Où donc est la proportion ? Où donc est la justice ? Et n'est-elle pas scandaleuse cette indulgence qui allège le grand au détriment du petit ?

Nouveaux Impôts.

On pourrait mettre à contribution tous les fiancés des deux sexes partant de 250.000 francs de capital. On leur ferait payer 5 p. 100 sur cette somme ; 10 p. 100 sur 500.000 fr. ; 20 p. 100 sur un million et ainsi de suite. La taxe serait perçue le jour du mariage. Ce serait un extra à ajouter aux timbres du contrat qui aiderait à remplir les coffres du Trésor. On taxerait aussi et lourdement tous les sports et tous les jeux de hasards. Il y aurait aussi un impôt progressif sur les voyages à l'étranger, dans le cas du riche et de l'homme aisé. Ils seraient taxés en quittant le sol natal, et en arrivant dans un pays quelconque. Cette contribution serait plus lourde que celle des passe-ports. Son point de départ serait 5 francs et elle arriverait à 25 ou 30 francs.

On pourrait encore lever un autre impôt, une cote personnelle. Chaque individu serait frappé de cet impôt partant de 500 francs. de revenu jusqu'à 1000 francs, à la raison de 0 fr. 50 ; de 1000 à 5000 francs à 1 franc ; de 5000 à 10.000 francs à 2 francs ; de 10.000 à 20.000, à 4 francs ; de 20.000 à 30.000, à 6 francs ; de 30,000 à 40,000, à 8 francs, et ainsi de suite, augmentant toujours 2 francs, par dizaine de 1000 francs, sans s'arrêter à un million, mais continuant toujours. Cette imposition personnelle rapporterait plusieurs centaines de millions au Trésor dans les grands pays, et les contribuables ne seraient nullement lésés, la taxe étant très légère.

Cause 21. — L'absolutisme et les privilèges du riche propriétaire et du capitaliste en général.

Les privilèges du grand propriétaire foncier, de l'industriel et du capitaliste en général sont très nuisibles au peuple, et sont la cause de beaucoup de misère. C'est ce qui a fait dire à l'évêque de Monguncia Mons. Ketteler du haut de la chaire que l'aphorisme de Proudhon : « La propriété est un vol », quoique mensongère d'un côté, renfermait une vérité féconde de l'autre — la fausse théorie du droit absolu de biens territoriaux étant un crime perpétuel contre la nature, car c'est vouloir justifier qu'on consacre à une insatiable cupidité, ou à une immoralité effré-née, ce que Dieu a destiné au bien-être de tous.

C'est ce faux droit de propriété qui fit naître la fausse théorie du communisme. St-Thomas d'Aquin, parlant des intérêts des biens de la terre, dit : « que l'homme devrait les considérer comme des intérêts communs et non privés, et devrait les partager avec le prochain en cas de besoin » ; par conséquent sans cesse, vu qu'il y a toujours et partout des nécessiteux. Saint Jean Chrysostome et Saint Grégoire affirment que le superflu du riche est le patrimoine du pauvre, et le Cardinal Manning ne cessa de prêcher que celui qui se meurt de faim a droit au pain du prochain ; d'ailleurs, c'est la doctrine de N. S. Jésus Christ et ses apôtres la suivirent à la lettre, s'entr'aidant et partageant entre eux leur avoir.

Article 24. — Des lois draconiennes contre la tyrannie des mauvais riches et les réformes ci-incluses qui tendent toutes à défendre l'opprimé (1), mettraient fin à ce grand mal.

------

(1) Une lettre publiée il y a quelques années dans « The Echo », un journal de Londres, mit au grand jour la cruauté et le despotisme du riche propriétaire. Une pauvre femme

Cause 25. — L'usure.

Cette cause et celles qui se suivent, quoique n'étant pas des causes directes de la misère, y contribuent largement. L'usurier, par exemple, qui prête à gages aux travailleurs exige toujours un intérêt trop grand pour son argent ; en sorte que l'ouvrier et le laboureur sont exploités et sont souvent obligés de payer 80 ou même 100 p. cent pour ravoir leurs objets mis en gages, surtout lorsqu'ils les retirent après quelques jours de dépôt, parce qu'on leur fait payer l'intérêt du mois entier.

Article 25. — Il serait interdit de prêter de l'argent à intérêt à plus de 4 0\0 sous peine d'encourir une lourde amende, vu que l'usure nuit aux travailleurs et à tous ceux qui ont peu de

---

disait dans cette lettre, qu'elle avait acheté une maison avec un bail de 18 ans payable par acomptes de £ St-10-10 s. par an. Or, ayant dépensé £ St-300 pour la rendre habitable, elle voulut prolonger le bail, mais le propriétaire voyant que la maison avait été réparée à neuf, exigea pour un bail de 34 ans, primo, £ St-80 pour le terrain au lieu de 10 ; pour renouvellement du bail £ St-1000 ; pour des embellissements, £ St-500 et pour son notaire qui devait dresser l'acte de contrat, £ St-15. Il exigeait de plus le payement de l'assurance contre le feu, et à la fin du bail la mise en état de la maison.

moyens. On exclurait cependant de cette règle : l'argent prêté à un commerçant ou à un industriel pour une entreprise d'importance, parce que, comme il a déjà été dit, les bénéfices étant parfois énormes dans ces affaires et les risques grands, il est juste que le prêteur ait une bonne commission, ou un intérêt dans l'entreprise, disons de 20 ou 25 0/0, selon le montant de la somme mise à la disposition de l'entrepreneur. On établirait dans toutes les villes et communes rurales des Monts-de-Piété afin que l'ouvrier ou le laboureur puisse emprunter de l'argent à 4 ou même à 3 0/0 et sans taxe.

Cause 26. — Les fortunes mal acquises et les falsifications de vivres et de boissons.

Parmi les possesseurs de fortunes colossales il y a de grands escrocs ; tels sont ceux enrichis aux dépens du Trésor, et par conséquent, de la nation, les grands usuriers et les falsificateurs de vin, de beurre, de pain et d'autres aliments. Ces derniers font un très grand tort à l'honnête commerçant qu'ils appauvrissent peu à peu. De plus, ils empoisonnent leurs clients en leur vendant des aliments malsains.

ARTICLE 26. — Il y aurait une loi bien plus

sévère que celle qui existe contre la fraude, par laquelle l'homme le plus riche et le plus puissant même, qui volerait l'Etat, ou le public, serait traduit devant les tribunaux et emprisonné. Et on lui ferait payer une amende qui serait 8 ou 10 fois plus que la somme soustraite à l'Etat, ou les bénéfices de son commerce frauduleux ; car il est révoltant que les lois répressives n'atteignent que les pauvres. Le mouillage du vin serait interdit, et celui qui vendrait un vin impur, ou une contrefaçon de cognac, de lait, de miel, de beurre ou de tout autre consommation, aurait non seulement quelques années de prison et une lourde amende, mais, la boutique où ces fraudes auraient été pratiquées serait fermée par ordre de la police.

Alors rien ne serait falsifié impunément, et la margarine et tant d'autres substances toxiques ne causeraient plus des maladies d'estomac comme dans l'actualité, vu que la vente en serait interdite.

Cause 27. — *Le manque de secours pour l'indigent.*

Comme il a déjà été dit, il y a bien des malheureux qui meurent de faim surtout dans les grandes villes. Et quoi de plus barbare que de laisser périr ainsi ces infortunés qui sont pour la plupart d'honnêtes sans-travail, ou bien, des pauvres honteux qui ne veulent pas mendier ? On vous dit qu'il y a l'Assistance publique. — Oui, il est vrai qu'elle existe, mais elle donne fort peu aux indigents, quoiqu'elle reçoive des sommes énormes à cet effet !

Tout dernièrement, par exemple, un homme riche et charitable a légué à sa mort 10 millions à un de ces établissements, et cependant dans le bureau de cet asile on a refusé de secourir une pauvre affamée, une veuve de la classe ouvrière avec 5 enfants qui habitait une seule chambre, un grenier au 6°, où pour meubles il n'y avait qu'un lit et une chaise. Nous en avons été témoin, comme aussi d'un autre refus pour une femme seule et sans ressources.

Il n'y a pas de doute qu'il y a du gaspillage dans ces hospices et des vols, comme celui qui vient d'être découvert dans une grande capitale de l'Europe, où un des employés de l'Assistance Publique vient de faire des détournements importants.

Article 27. — Dans chaque grande ville, il y

aurait 5 ou 6 boulangeries et 3 ou 4 boucheries libres appartenant à l'Etat ou à la Municipalité, où l'on distribuerait du pain aux malheureux 3 fois par semaine, et de la viande tous les 8 jours gratuitement. Mais ces infortunés seraient tenus de prouver par un document, signé par le curé de leur paroisse, ou par quelqu'autre personne connue, qu'ils sont vraiment des besogneux.

On planterait aussi des arbres fruitiers sur toutes les grandes routes et places publiques pour les pauvres (1). On ferait de même dans les bois et forêts, et à côté de ces arbres on cultiverait des légumes. Mais celui qui en cueillerait, n'étant pas dans la misère, serait sévèrement puni par la loi.

Dans toute école communale on donnerait un bon repas par jour aux enfants; et il y aurait bien plus d'établissements qu'il n'y en a aujourd'hui où les malheureux auraient de la soupe, du pain et un abri pour la nuit.

De plus, on établirait des banques dans toutes les capitales pour le bien des nécessiteux.

____

(1) En quelques pays, surtout en France et en Allemagne, il y a déjà des routes fruitières, et dans la place de la Madeleine, à Séville, il y a des orangers partout. L'effet est char-

On ferait à cet effet un appel aux âmes généreuses, car ces banques seraient surtout soutenues par contributions volontaires. Le local serait modeste, et il n'y aurait qu'un directeur et un ou deux employés dans les bureaux. Ces hommes seraient choisis parmi les petits employés de commerce honnêtes et intelligents. Et tout individu pauvre et honorable aurait le droit d'y faire un emprunt à 2 ou 3 pour cent. Cet emprunt qui ne dépasserait pas 1000 fr. serait pour l'aider à s'établir comme commerçant ou industriel, et il payerait sa dette par acomptes. On pourrait y recourir aussi pour un secours immédiat sans intérêt. Ce secours serait de 20 à 40 fr. Ces banques par leur système économique seraient bien plus utiles aux malheureux que ne le sont les bureaux de l'Assistance Publique. Et quand un philanthrope léguerait 10 millions à un de ces établissements les pauvres en profiteraient, car il n'y aurait ni luxe de local, ni entretien de gros employés, ni gaspillage ou vols. Un comité choisi parmi les contribuables examinerait les comptes une ou deux fois par an.

---

mant et le parfum délicieux quand les arbres sont en fleur, mais il n'est pas permis de cueillir les fruits ni les fleurs.

Cause 28. — Le manque de la retraite pour le travailleur.

L'homme qui a travaillé toute sa vie et qui vers la fin de ses jours, faible et malade, se voit forcé de se priver du nécessaire, lui et sa famille, devrait avoir sa retraite et c'est d'une noire injustice que de la lui refuser.

Article 28. — A l'âge de 55 ans, l'artisan de tout métier et le laboureur auraient leur retraite, comme le militaire aujourd'hui. En cas de vieillesse précoce, comme chez le mineur, le travailleur du plomb, du verre, du vif-argent, etc., auraient droit à cette retraite à 50 ans, ou même avant, sauf dans le cas d'avoir hérité de leurs patrons ou de tout autre individu une somme qui les mettrait à l'abri du besoin. Les cochers de fiacres et d'omnibus et les conducteurs jouiraient du même privilège.

Quant à ceux qui auraient acquis une maisonnette, ou un lot de terre, ils n'auraient qu'une demi-retraite. Les vieux domestiques pauvres auraient le même droit, mais à un âge bien plus avancé, leurs travaux étant moins pénibles.

Cause 29. — Le manque de justice pour le pauvre.

Le pauvre ne peut avoir recours à la justice pour réclamer ce qui lui est dû, ou ce qu'on lui a volé, vu les frais énormes provenant d'un procès, et souvent il est ainsi dépossédé de ce qui lui appartient de droit.

ARTICLE 29. — La justice gratuite. — On proportionnerait au pauvre le moyen de ravoir ce qui lui a été pris et cela gratuitement. L'Etat et la Municipalité feraient toutes les dépenses nécessaires à cet effet — dépenses que le gagnant serait tenu de payer. Les avocats, comme les médecins, donneraient quelques heures par semaine de leur temps aux malheureux pour plaider leurs causes.

Cause 30. — L'injustice envers les exploiteurs de mines et les mineurs.

Les possesseurs de mines font souvent des fortunes immenses, non seulement sans travailler, mais sans dépenser un sou, les compagnies qui exploitent leurs mines fournissant d'énormes sommes à cet effet. Les frais de ces compagnies montent souvent à 30.000 francs par mois et les faillites ne sont pas rares. Cependant les propriétaires retirent presque toujours un bénéfice de ces exploitations. Quant aux pauvres mineurs, ce sont de vrais esclaves, car ils sont surmenés et mal payés.

ARTICLE 30. — On établirait une loi par laquelle tout propriétaire de mines qui ne fournirait pas de capital, n'aurait qu'un intérêt dans les bénéfices provenant de l'exploitation de ses mines, au lieu d'avoir quelque chose de sûr. Et les mineurs auraient aussi un intérêt dans ces bénéfices. Leur journée serait de 7 heures seulement, et à l'âge de cinquante ans, ils auraient une retraite de 500 francs, afin de couper court à de honteux abus. Une lourde amende serait le résultat de toute infraction à cette loi.

Cause 31. — Le manque du droit au travail.

Quand le travail manque, le travailleur est souvent dans la misère, car la concurrence est énorme de jeunes et de vieux pour la même besogne. Le malheureux est alors taxé de paresseux qui chôme. Cependant, c'est rarement le cas, une catastrophe étant presque toujours la cause de son apparente oisiveté. Et souvent cette catastrophe l'atteint, tout d'un coup, en pleine activité et le plonge dans la misère sans qu'il puisse y porter remède. Donc, loin de le blâmer, on devrait le plaindre, et le tirer d'embarras, car il est digne de commisération.

ARTICLE 31. — Le droit au travail existerait partout. D'aucuns s'osbtinent à ne pas le reconnaître et le disputent au déshérité, d'autres ne savent quelle opinion émettre sur cette importante question. Mais comment peut-on y relever un doute? car dépourvu de besogne le travailleur se meurt de faim. Donc, le droit au travail, c'est le droit à la vie, et priver un être quelconque de ce droit sacré est inhumain et barbare.

Tout nécessiteux devrait pouvoir trouver de l'occupation, et c'est une des preuves évidentes de la défectuosité de notre système social et de sa mauvaise organisation administrative, que ce manque de travail pour les classes laborieuses. Rien de plus utile, de plus urgent que l'étude de cette matière. On chercherait donc, et on trouverait de l'occupation pour tous ; afin qu'aucun individu ne soit privé, lui et les siens, du pain journalier et afin que le voleur et l'assassin n'aient plus à leur disposition, pour se défendre, la sinistre et déplorable excuse du chômage et de la faim. Mettons surtout, les vieux travailleurs à l'abri du besoin et les jeunes ne manqueront pas si souvent de besogne.

Cause 32. — *Inventions et découvertes négociées par entremise.*

L'homme de génie, pauvre, qui a inventé quelque chose d'utile, ou fait une grande découverte est presque toujours exploité par le « middleman » (l'intermédiaire) à qui il a recours, faute de moyens pour faire connaître et vendre son invention ou sa production. Ce dernier, ne fournit que l'argent, et cependant il a bien soin de garder pour lui la part du lion.

Souvent même, il arrive, que se valant des tristes circonstances de cet homme de haute intelligence, il lui achète pour une bagatelle son droit d'invention, ou de découverte, et pourvu d'une patente fait une fortune au détriment du savant, qui voit, avec angoisse qu'il n'a tiré presque aucun profit de son génie créateur et de ses laborieuses veillées et que par conséquent, lui et les siens sont voués à la misère pour le reste de leursjours.

Ajoutons ici que l'auteur sans ressources et peu connu est presque dans le même cas et se voit souvent forcé de vendre ses ouvrages à bas prix à quelque vaniteux, qui y met son nom. C'est ce qui arriva, il y a quelques années à un écrivain de génie, mais peu fortuné. Cet homme ne trouvant pas d'éditeur qui voulût publier son œuvre, la vendit à un richard, qui y mit sa signature. Mais, au moins ce fanfaron paya ce faux assez raisonnablement, car il lui donna 300. 000 francs pour ce privilège (1).

ARTICLE 32. — Afin d'empêcher ces injustes procédés, on fixerait légalement un taux d'intérêt pour toute affaire négociée par entremise, lequel ne dépasserait pas 25 0|0 pour l'intermédiaire, et celui qui violerait la loi serait lourdement taxé d'une amende et aurait de six mois à un an de prison.

Cause 33. — *La loi contre le braconnage et tout vol de comestible.*

Cette loi sévère et tyrannique, nous dit un auteur anglais, a augmenté de beaucoup la misère et le nombre des criminels en Angleterre. Cela

______

(1) Authentique.

se comprend — sept ans de travaux forcés pour avoir tué un lièvre ou un lapin dans les terres de chasse d'un lord richissime. C'est-à-dire sept ans de contact avec de grands voleurs et des assassins. Quelle école de morale !

Et que devient la famille de ce malheureux pendant tout ce temps ? — elle se meurt de faim. Or, le braconnier est souvent un pauvre malheureux qui n'a pas de quoi se nourrir, lui et les siens. C'est encore une injustice provenant de l'absolutisme du riche. Le vol d'un pain, d'un morceau de viande ou de quelques pommes de terres est aussi trop sévèrement puni.

Article 33. — L'abrogation de cette loi injuste est nécessaire et réduire cette peine cruelle à un jour de prison, ou simplement à une réprimande. En cas de faim on ferait de même pour le vol de tout comestible. L'accusé serait mis en liberté après avoir comparu devant le juge d'instruction.

Cause 34. — *Les gardes-chasse et les gardes-vergers.*

Il y a encore que le braconnier ou le voleur de fruits est quelquefois tué par le garde-chasse ou le garde-verger pour un larcin tel que le vol insignifiant d'une poule ou d'une perdrix ; ou parce qu'il a abattu un chamois pour assouvir sa faim, comme cela est arrivé à Ponte Bernardo, ou parce qu'il a étanché sa soif en mangeant une poignée de cerises, comme le malheureux soldat français, qui fut tué par un garde-verger pour cette peccadille. Ces infortunés laissent souvent une famille sans aucun moyen d'existence.

Article 34. — Il serait interdit à ces gardes de porter des armes à feu ou des couteaux.

Cause 35. — *Le duel.*

Cette rage de vengeance par les armes est barbare et finit souvent par la mort d'un des duellistes, et parfois, des deux. Or, malgré tout ce que disent les défenseurs du duel sur la question, cette mort ainsi donnée est un crime, et par conséquent devrait toujours être punie par la loi. De plus, maintes fois il arrive que la victime est l'homme qui a reçu l'affront, et souvent cet homme est un père de famille, qui laisse les siens dans la gêne ou même dans la misère.

Article 35. — On mettrait en vigueur partout la loi contre le duel et ceux qui l'enfreindraient seraient sévèrement punis, et s'ils tuaient leur adversaire ils auraient quelques années d'emprisonnement cellulaire. On substituerait à ces combats cruels le procès civil, comme on a fait en Angleterre.

Cause 36. — *La peine de mort.*

Ce terrible châtiment, ce meurtre judiciaire, a pour triste résultat, d'un côté, le déshonneur d'une famille, souvent honnête, qui est traitée avec mépris et vouée à la misère quand un des siens a été exécuté ; de l'autre, la vengeance, surtout lorsque le crime est politique, car l'exécution d'un chef révolutionnaire ou d'un anarchiste quelconque, augmente le mal, excite les révoltés, et monte la tête aux dynamitards. De là des attentats contre la société, des explosions, des assassinats, qui auraient pu être évités si on s'était montré moins sévère ; car la clémence touche parfois le cœur du criminel et le ramène à la vertu.

Article 36. — *L'abolition de la peine capitale partout.* — Au lieu de ce châtiment cruel et macabre, tout assassin serait condamné à quelques années de prison cellulaire, pendant lesquelles il ne verrait que l'aumônier de la geôle, qui tâcherait de le convertir. A l'expiration de ce temps, il serait déporté, et ne pourrait rentrer dans son pays qu'après huit ou dix ans de travaux forcés, à moins de n'avoir eu une conduite exceptionnellement bonne. Si au lieu d'un assassinat il en avait commis deux ou trois, il aurait quelques années de plus de réclusion et de déportation. Et si, mis en liberté, il commettait un autre meurtre, on l'emprisonnerait de nouveau, mais pour un plus grand nombre d'années.

Cause 37. — *Les travaux forcés à perpétuité.*

Ce châtiment est aussi trop sévère, car non seulement il empêche le malfaiteur de se repentir vu qu'il ne s'associe plus qu'avec de grands criminels, mais s'il a une famille, elle est déshonorée et repoussée partout, et souvent elle est plongée dans la misère noire pour toute sa vie, parce que — bien à tort — les fils de forçats, non réhabilités sont comme ceux du supplicié, mal vus et on ne les emploie pas.

ARTICLE 37. — Cette expiation cruelle à la-

quelle bien des criminels préfèrent la mort, serait réduite à deux ou trois ans de prison cellu
laire, suivis de quelques années de travaux forcés.

Cause 38. — *La détention préventive.*

Emprisonner un individu qui n'est que soupçonné d'avoir commis un crime, et le tenir sous
les verrous pendant des semaines ou des mois
entiers, c'est faire un grand tort à sa réputation,
et s'il est employé, c'est lui faire perdre sa place.
En outre, s'il a une famille, cela le met dans l'im-
possibilité de la maintenir et parfois il arrive
qu'elle meurt de faim pendant ce temps-là. Or,
c'est ce qui arrive tous les jours, et souvent
quand on met cet infortuné en liberté on ne lui
donne rien en compensation d'un si grand
mal.

ARTICLE 38. — Tout homme soupçonné d'un
crime et tenu sous les verrous injustement re-
cevrait à sa sortie de prison une indemnité assez
grande pour le dédommager du temps perdu et
de l'injustice commise. Et on bâtirait des maisons spéciales pour la détention préventive qui
n'auraient aucune apparence de prison et où le
régime serait tout différent.

Cause 39. — Les Testaments de l'actualité.

Le droit de tester étant presque illimité dans tout pays est cause de torts irréparables, et contribue largement à entretenir la misère, car bien des gens riches ont des parents pauvres (1) à qui ils ne laissent pas une obole, ou bien, des employés ou des serviteurs fidèles qui, à leur mort n'héritant de rien, se voient privés du nécessaire. D'ailleurs, il y a les affamés, à qui les opulents pensent rarement.

Or, si les testaments étaient soumis à de stricts règlements, c'est-à-dire, s'il y avait une loi par laquelle le droit de tester serait plus limité qu'il ne l'est, ce serait d'un bien immense pour les masses ; car cela aiderait à annihiler le paupérisme, par conséquent à mettre fin à cette guerre entre riche et pauvre.

ARTICLE 39. — *Le droit limité de tester.* — Il y aurait une loi par laquelle dorénavant le droit de tester serait sujet à de nouvelles restrictions. Ainsi, tout riche propriétaire ou capitaliste célibataire ou veuf, sans héritiers directs, ayant des parents pauvres, pour plus

______

(1) Voir Cause 22.

éloignés qu'ils fussent ne pourrait faire de testament sans leur léguer la moitié de sa fortune.

Ces parents du défunt seraient ses demi-héritiers devant la loi et pourraient réclamer, en toute justice, la moitié de ses biens. Quant à l'autre moitié, après en avoir retiré un tiers pour les pauvres de sa paroisse, il en disposerait à son gré. Mais s'il n'avait que de riches proches parents, il leur léguerait la moitié de sa fortune. Un quart de l'autre moitié serait pour les pauvres, et il disposerait du reste à son gré. Toutefois, s'il ne laissait que des parents éloignés et riches, ceux-ci n'hériteraient que d'un tiers de ses biens, et le quart des autres deux tiers reviendraient aux malheureux. Il léguerait le reste à qui il voudrait.

Et s'il mourait intestat, laissant un héritier direct, celui-ci hériterait des deux tiers de sa fortune, comme s'il avait testé. L'autre tiers, divisé en deux, appartiendrait de droit à l'Etat et aux pauvres, donnant toujours la préférence à ses parents, les plus éloignés même, qui se trouveraient dans ce cas.

Mais, s'il n'avait pas de parents, un tiers de son avoir reviendrait à l'Etat et les autres deux tiers aux indigents. Et s'il faisait un testament il serait forcé de laisser un tiers de ses biens aux pauvres (1).

L'argent de ces legs serait distribué aux malheureux de la main à la main par une personne de haute probité et d'une conduite irréprochable. L'Assistance Publique n'en profiterait nullement, à cause du gaspillage. Il va sans dire que la femme, dans le même cas, serait sujette au même règlement.

Mais, tout individu possédant une fortune qui ne dépasserait pas 200.000 francs, laissant une veuve, ou un enfant, ne serait obligé de léguer que le dixième de son avoir aux pauvres. Le père de deux ou trois enfants ne serait tenu de leur laisser qu'un vingtième de son capital, et s'il avait moins de 100.000 francs il leur laisserait bien moins encore.

Quant à celui qui aurait dix ou douze enfants, il ne serait forcé de laisser aux malheureux qu'une somme en proportion de son avoir et de sa nombreuse famille. Par exemple : un homme possédant de 60 à 80,000 francs seulement, et qui aurait de nombreux parents, ne serait forcé de

---

(1) Dans quelques pays un homme qui a des héritiers directs, ne peut disposer que de son tiers.

laisser qu'une bagatelle aux pauvres — à peine quelques francs. Et s'il avait moins que cela et une grande famille, il serait affranchi de cette taxe, vu que les siens seraient pauvres eux-mêmes.

Par ce système, les 1000 francs du célibataire intestat sans héritiers, appartiendraient aux indigents, et les 50 ou 100 millions de l'homme avec une nombreuse famille seraient taxés progressivement en leur faveur, gardant ainsi une juste proportion en tout.

Quant au riche industriel, commerçant ou agriculteur il serait tenu de laisser à ceux de ses ouvriers, commis ou laboureurs qui auraient travaillé chez lui pendant six ans, un quart de sa fortune acquise par le travail, partant de 300.000 francs s'il avait une nombreuse famille, de 100.000 francs s'il ne laissait qu'une veuve ou un ou deux enfants, et d'une somme quelconque, s'il était célibataire et n'avait pas de proches parents ; car ces employés ayant coopéré à la réalisition de sa fortune auraient autant de droit d'y participer que des parents éloignés et pauvres qui, s'il en avait, hériteraient de la moitié des autres trois quarts de sa fortune. De l'autre moitié il y aurait 10 p. 0/0 pour les indigents et du reste, il en disposerait à son gré. Et lors même qu'il mourût, sans avoir fait de testament, ses employés auraient le droit de réclamer ce legs, qui leur serait dû.

Mais dans le cas du riche industriel, commerçant ou agriculteur, veuf, ou célibataire sans parents, un tiers de sa fortune reviendrait à ses ouvriers, commis ou laboureurs. Quant aux autres deux tiers, après en avoir retiré 10 p. 0/0 pour les pauvres, il en disposerait à son gré.

Cette réforme dans le droit de tester, empêcherait le riche avare de léguer tout ce qu'il possède à un autre riche avare, comme cela arrive souvent. Et l'on ne verrait plus des parents affamés de défunts millionnaires se donner la mort, par manque d'un morceau de pain, ni d'honnêtes ouvriers privés d'un legs légitime. Il ne serait non plus question de *Messieurs* excentriques léguant des fortunes à leurs chevaux et de *Dames* du même type, laissant à leurs chats, ou à la « Société Protectrice des Animaux, » comme cela vient d'arriver, des millions qui serviraient à nourrir des milliers de malheureux; car de tels testaments seraient annulés, et le ci-devant règlement mis en vigueur.

Et maintenant, faisons observer ici, que cette liste de réformes n'est, en fin de compte, qu'un aperçu, une ébauche d'un programme d'organisation de régime social chrétien qu'on pourrait modifier et perfectionner pour le bien des masses.

Pourquoi hésiter toujours, entre enlever le nécessaire aux travailleurs et aux pauvres, et, dans leurs vieux jours les laisser périr de faim, ou priver les riches d'une portion de leur superflu pour équilibrer un peu les situations financières de tous et engendrer la paix ?

De telles réformes seraient une économie politique et sociale qui rapporterait un bien immense à la société, et avec le temps l'humanité entière aurait lieu de s'en réjouir. Ayons présent à l'esprit que si le vol est un méfait, c'en est un aussi d'inutiliser ce qu'on possède, de le gaspiller, de le détruire, ou de le léguer à ceux qui n'en ont pas besoin, quand il y a des infortunés que l'on pourrait secourir avec, et sans pour cela faire souffrir les siens.

Il est sans doute fort difficile de combattre l'orgueil et la cupidité de l'homme, puisqu'il jouit du libre arbitre ; mais mettre un frein à son égoïsme et à son avarice en lui enlevant par la loi ce qu'il faut pour nourrir le sans-pain, et lui procurer le bien-être, est praticable, et surtout juste et légitime.

Posséder une grande fortune et laisser mourir de faim son semblable est d'une sauvagerie digne du barbare Néron ! Et pourtant cela se voit tous les jours. Citons-en ici quelques cas pour prouver jusqu'où peut arriver la dureté de cœur de quelques millionnaires.

Parlons d'abord d'une famille énormément riche qui pour ne pas être importunée par les pauvres, donna ordre à ses domestiques de jeter toujours au feu tous les restes de ses magnifiques repas, afin que ces malheureux n'approchassent pas de sa porte pour en profiter. Puis, faisons mention de deux hauts personnages bien connus qui, au lieu d'aider les nécessiteux avec leur énorme superflu, le gaspillaient et parfois en jetaient des portions par les fenêtres.

Un de ces extravagants, le duc de N.......... causant un jour avec des amis sortit de sa poche un billet de banque de la valeur de 25.000 francs et s'en servit pour allumer un cigare ; et cela pour le plaisir de se vanter de posséder une fortune colossale. L'autre, le comte de S...., que nous avons connu, fit de même de là à quelque temps, c'est-à-dire que lui aussi par vanité et fanfaronnade, un soir de réunion chez lui, quand un de ses amis cherchait une pièce d'or qu'i avait laissé tomber sous la table de jeu, roula un billet de banque d'un haut prix entre ses doigts, y mit le feu, et s'en servit comme d'une allumette en lui disant :

— Tiens, tu cherches une petite pièce d'or presqu'à l'obscurité, laisse-moi t'éclairer avec un beau billet de banque, et il le lui fit voir.

Or, de tels gens ne mériteraient-ils pas d'encourir une amende qui serait le triple de la somme brûlée et qu'on distribuerait parmi les malheureux ?

CHAPITRE IV

Parler de la misère, de ses causes et de ses remèdes, dira l'ouvrier, n'avance à rien. Il faudrait trouver le moyen de mettre les réformes, dont il est question dans cette brochure en pratique, et comment s'y prendre pour y arriver ?

En effet, il y a de grandes difficultés à vaincre, car, nous l'avons dit, la législation étant faite par le riche, elle est toute en sa faveur. De là ces mots de Rousseau : « Les lois sont toujours utiles à ceux qui possèdent et nuisibles à ceux qui n'ont rien » (1). Et Shakespeare est encore plus explicite quand il dit : « Les hommes vivent dans le monde comme les poissons dans la mer; les grands mangent les petits . »

____

(1) Voir son « Contrat Social. »

Il en est ainsi, mais il n'y a pas de raison pour que cela dure éternellement, et comme les travailleurs constituent la grande majorité d'un état, ils n'auraient qu'à faire un effort pour avoir entre leurs mains le pouvoir de remédier à beaucoup de leurs maux. Or, pour atteindre ce but il faudrait qu'ils créassent dans chaque ville une association électorale de travailleurs, ayant assez de membres pour tenir la balance entre le parti conservateur et le parti libéral. Cette mesure leur donnerait de l'importance et leur serait très favorable. Ils exposeraient alors leurs griefs et leurs revendications, et choisiraient les candidats les plus capables et les plus dignes de les représenter au Parlement.

Ils exclueraient ainsi tout industriel peu scrupuleux, tout individu dont l'intérêt privé serait de protéger les monopoles ou de s'opposer aux lois en faveur de l'amélioration du travail, de la création de nouveaux travaux, ou de tout autre privilège pour le bien-être des classes laborieuses.

Il faudrait que cette association soit organisée dans les grandes villes du pays avec ramifications dans toutes les autres et dans tous les villages, chaque assemblée ayant ses chefs. On enverrait des représentants, à certaines époques de l'année au corps central, où l'on s'assemblerait pour discuter sur toute affaire d'importance.

Ces associations, deviendraient de jour en jour plus puissantes, au fur et à mesure que le nombre de leurs membres augmenterait, et comme elles seraient très utiles aux petits commerçants, ceux-ci ne manqueraient pas de s'y affilier, ce qui contribuerait fort à les faire répandre.

Lors des élections, il y aurait des réunions publiques, afin de traiter toute affaire électorale, le but principal de cette société ou syndicat étant, comme il a été dit, de créer au Parlement un puissant parti libéral qui aurait à cœur les intérêts du peuple, qui exposerait ses doléances et redresserait ses torts, faisant ainsi valoir ses droits. Les souscriptions annuelles seraient de 2 à 4 francs selon le bon plaisir ou les moyens de chaque membre.

Bien organisées ces associations feraient un grand bien, car elles tiendraient l'équilibre entre le pouvoir exécutif et le peuple. Il va sans dire, que dans les pays où le suffrage universel n'existe pas, cette mesure serait impossible (1).

______

(1) Voir ce qu'en dit M. Threlfll dans « llow the classes rule the masses ».

Mais, les travailleurs dans ces pays pourraient devenir propagandistes de l'union et de la concorde en joignant la ligue dont nous allons parler. Alors, ceux d'entre eux, ayant le don de la parole, pourraient traiter en public toute affaire qui concerne le bien des masses et arriver à faire comprendre les bienfaits de la Paix et l'utilité d'accorder à tout individu, jouissant de ses droits civils, le pouvoir d'élire les membres du corps législatif.

CHAPITRE V

LIGUE INTERNATIONALE POUR LA SOLUTION DU PROBLÈME SOCIAL ET POUR LA PROPAGATION DE LA PAIX.

Nous avons dit que le principal obstacle à la Paix est la Révolution Sociale, que la cause de cette révolution est la misère, la cause de la misère l'égoïsme du riche soutenu par la défectuosité du système de l'Ordre Social actuel, et le remède à tous ces grands maux, le Réformisme, dont les gouvernants, les capitalistes et la magistrature, sauf quelques exceptions, ne veulent pas entendre parler.

Cependant, ne pas vouloir de réformes, ne pas vouloir sortir du « statu quo » c'est s'acheminer à grands pas vers la grève générale, c'est avancer dans la voie qui conduira à la Révolution Violente. Répétons-le donc, encore, et toujours, et partout, le péril est imminent, car la rage de la rébellion règne dans tout pays et les idées collectivistes, si elles ne sont pas combattues, se propageront à l'infini.

La propagande révolutionnaire, cette ennemie du repos, s'étend déjà d'une manière prodigieuse, et le socialisme, si nous ne nous concilions pas avec ses partisans, en acceptant ce qu'ils nous proposent d'utile, ne tardera pas à triompher.

Alors, on verra éclater la plus désastreuse, la plus sanglante de toutes les guerres connues, la guerre des classes, à laquelle succédera le croulement de l'Edifice Social. Ce sera un règne de Terreur qui surpassera de beaucoup celui du xviiie siècle en France, car il sera international. Voici ce que nous dit un écrivain sur le socialisme :

« Aucun pays n'échappe à cette lèpre et ce qui est plus grave, aucun gouvernement ne sait y résister. C'est une conspiration sourde de la misère, de l'envie et du rêve. Comment voulez-vous qu'on résiste aux alléchantes perspectives qu'il fait entrevoir ? Soyez avec nous, vous tous qui travaillez au profit des autres, et vous serez désormais vos maîtres et les seuls bénéficiaires de votre travail. Les malheureux ne savent pas ce qui entre de sophismes et de chimères dans ces promesses. Ils donnent leurs voix, et c'est en cela que consiste le péril grandissant de la conquête du socialiste. »

Il y a du vrai dans ces mots, et il y a des gouvernants qui, tout en se tenant coi, s'aperçoivent maintenant du danger avec angoisse, mais aucun remède ne se présente à leurs esprits inquiets. Ils ont, en partie, la faute de cette triste situation, et peuvent, pour la plupart, se frapper la poitrine et dire leur « mea culpa ». Cette liberté accordée presque sans limite, là où elle est nuisible, leur lie les mains. Chacun est maître de dire et d'écrire ce qu'il veut et empêcher les meneurs de cette rébellion de soulever le peuple contre les chefs d'Etat, le clergé et les capitalistes et de propager la révolte, de faire des prosélytes, serait une brèche faite à cette liberté.

Voilà pourquoi, navrés de cette impuissance, que la presse proclame partout à haute voix, ils laissent faire et seront forcés, comme nous tous, de subir les conséquences d'un terrible bouleversement politique et social, qui ne tardera pas à ébranler l'Europe et à la ruiner de fond en comble.

Et pourtant, il y aurait bien un remède contre la propagation de ces dangereuses doctrines révolutionnaires, issues de la trop grande liberté accordée ; car elle pourrait et devrait être contre-carrée par une propagation de doctrines pacifiques partout — Combattre les théories collectivistes par des raisonnements évidents et des arguments, logiques. Opposer à la propagande la propagande. Faire voir au peuple que deux et deux font quatre et pas vingt ; qu'il n'y a pas besoin d'un ouragan dévastateur pour faire des réformes salutaires ; qu'il peut obtenir les privilèges qu'il désire sans rébellion ni guerre et sans se priver du droit de posséder des biens, et de celui de les léguer aux siens.

Démontrons-lui surtout, que rien n'est plus despotique que l'interdiction de ce droit, de cette liberté, à la quelle tout individu, si humble soit-il, doit pouvoir aspirer ! Puis, faisons naître parmi les travailleurs l'amour de la propriété, le désir de l'acquérir et celui de la conserver, puisque la propriété individuelle, comme l'a dit, si à propos, M. Poincaré au Palais-Bourbon est, en même temps que la meilleure régulatrice de l'ordre, la plus féconde inspiratrice du travail et de l'industrie de la patrie ; et c'est le développement de la propriété individuelle qui a fait la puissance et la prospérité de la France moderne. Et comme preuve de cette vérité notons ici qu'en dix ans de 1891 à 1901 la valeur vénale des propriétés bâties en ce pays a augmenté de 7 milliards 796 millions.

Convainquons donc l'ouvrier, et le laboureur que sans la paix ils ne peuvent être heureux ; qu'en embrassant le socialisme ils renoncent à tout jamais au plus cher privilège de l'homme — à la liberté de s'élever, de jouir pleinement du fruit de leur travail, et à celle d'hériter des terres, des rentes, des capitaux.

Oui, dessillons les yeux des travailleurs. Montrons-leur le socialisme tel qu'il est, c'est-à-dire, dépouillé de ses charmes imaginaires, afin qu'ils puissent l'envisager au point de vue de leurs propres intérêts. Prouvons-leur que plusieurs des belles promesses de ses chefs sont illusoires ; que le collectivisme n'est qu'un beau mirage ; que cet Etat monopolisateur serait un tyran ; que le prolétariat à perpétuité les rendrait esclaves ; et que loin d'engendrer la paix, ce régime aurait pour résultat des luttes, et des combats sanglants. Alors les révoltés les plus endurcis même, verront clairement que la chute de l'Edifice Social serait pour eux le néant.

Pour arriver à cet heureux dénouement employons les mêmes armes que nos adversaires, la parole et la presse. Défendons nos opinions avec la même opiniâtreté qu'eux et le mouvement pacifique deviendra tout puissant. Alors, la rébellion disparaîtra, et la Paix, qu'on ne cessera de propager, apparaîtra à l'horizon.

Créons à cet effet une ligue internationale, avec des ramifications dans toutes les villes et toutes les communes rurales de tous pays, sous la direction d'hommes intelligents, libéraux et honorables qui organiseront des réunions partout et convoqueront des congrès, où d'éloquents orateurs parleront aux masses sur cette question sociale si complexe ; sur la conciliation des deux partis adverses, par un juste milieu entre les deux régimes ; sur le désarmement, l'arbitrage, et la fraternité des peuples, en un mot, sur toutes les réformes ci-incluses, leur faisant entrevoir les périls qui les attendent, si la Révolution Rouge éclate et si la Voûte Sociale s'abat.

Il va sans dire, qu'il est surtout nécessaire de convaincre les capitalistes du besoin urgent de faire des sacrifices, afin d'arriver à un accord avec les socialistes pour le bien commun.

. Cette ligue serait une mission laïque internationale, ayant pour but, la Paix et la solution
du Problème social.

Une ou deux fois par semaine il y aurait des
conférences le soir, dans les salles des écoles
communales de toutes les grandes villes. L'entrée serait libre pour les classes laborieuses,
et de fois à autres, il y aurait une fête mu-
sicale — un bénéfice en faveur des pauvres. Les
conférenciers, entre lesquels il y aurait des ouvriers, choisis parmi un centre honnête et in-
telligent seraient tenus de soumettre un aperçu
de leurs discours à l'examen du comité, afin que
tout fût en règle.

Dans ces assemblées, aucun désordre ne serait permis. Il serait surtout défendu de traiter
les socialistes en ennemis. Ils ont leurs idées et
nous avons les nôtres. Tâchons de les convaincre, mais ne soyons pas en guerre avec eux. Ils
se plaignent de bien des choses qui existent
dans le système actuel, et leurs critiques sont
pour la plupart justes. Ils veulent, disent-ils, le
bien-être du travailleur, et nous autres, socialistes chrétiens, nous le voulons aussi. On les ac-
cuse d'être athées, mais ils ne le sont pas tous.

Et qui sait si ceux qui le sont, ne se convertiraient pas, si tous ceux qui professent le christianisme le mettaient mieux en pratique, en montrant un vrai intérêt pour le bien des déshérités, afin qu'ils ne soient plus les victimes du riche, mais des hommes libres et heureux, jouissant de ce bien-être et de ce confort qui leur sont dûs et qu'à juste titre ils méritent.

Il résulterait un bien immense de cette propagande de paix internationale, et les pauvres en profiteraient largement, car une partie de l'argent provenant de la souscription de la ligue serait distribuée parmi eux. Et quel serait le capitaliste ou le propriétaire croyant, qui ne voudrait pas être membre d'une ligue pareille ? En France surtout, où il y a au moins 5, 600,000 exploitations rurales et où l'idéal de la plupart des laboureurs est la possession d'un petit coin de terre, d'où ils ne voudraient pour rien au monde être chassés, ce mouvement pacifique entretenu par la parole et la presse serait d'une grande utilité.

Les socialistes ont leurs conférenciers enthousiastes qui incitent le peuple à la révolte et qui sont la terreur des gouvernants et des capitalistes. Pour atteindre leur but ils débitent des discours incendiaires qui tournent la tête aux travailleurs exaltés parmi l'auditoire. Ils parlent de tout détruire, de tout anéantir, de tout exterminer. La parole est libre, ils peuvent s'en servir à volonté, la parole qui, dans la bouche d'un habile orateur, d'un homme d'esprit et d'imagination devient une arme puissante, parfois terrible et funeste; car elle soulève les passions et de tout temps a opéré des prodiges. Ils haranguent le peuple partout — faisons de même.

Ils parlent aux masses de Collectivisme, d'Association, de Réciprocité, de Droit au Travail et de la Révolution Violente. Ils leur font accroire qu'être prolétaires, dépendre toujours de l'Etat, ne rien pouvoir léguer à personne, détruire la propriété et anéantir la famille serait le comble du bonheur. Ils déclament contre les monopoles et cependant proposent un monopole monstre qui engloutirait toutes les épargnes de l'artisan. Devons-nous rester muets et impassibles?

Non; car cette même liberté qui leur permet de persuader les travailleurs de croire à toutes leurs doctrines, nous permet aussi de tâcher de convaincre ces mêmes travailleurs que, parmi ces doctrines, il y en a de fausses et nuisibles et que ces orateurs, dont nous ne suspectons nullement la bonne foi, sont partiellement dans l'erreur.

Mais, qui n'entend qu'une cloche, n'entend qu'un son et c'est le cas des classes laborieuses. Elles n'entendent que les meneurs socialistes, donc un côté seulement de l'importante Question Sociale. L'autre côté n'est jamais défendu, et cela, parce que les actualistes, pour la plupart trop insoucieux, et il se peut, trop peu clairvoyants, gardent un profond silence sur la matière. Voilà pourquoi le parti socialiste augmente à vue d'œil et, par conséquent, le danger de la grève générale et de la Révolution Rouge est chaque fois plus à redouter.

Parlons donc, nous autres, et aussi haut qu'eux, plus haut même si c'est possible. Ramenons à nous les esprits égarés, et faisons comme eux, des prosélytes en faveur de la Paix et des réformes à cet effet. Défendons le droit de propriété et démontrons ses avantages. Prouvons, que du moment où il sera interdit à l'homme d'aspirer à la possession d'un bien quelconque et de léguer ce qu'il possède à ses enfants, il ne sera plus qu'un esclave, un automate ; que l'altruisme, tel qu'ils l'entendent, n'existera jamais ;

que l'homme sera toujours plus ou moins égoïste et ambitieux ; que le père de famille conservera à tout jamais, au fond du cœur, un amour pour les siens qui l'empêchera de sacrifier de bon gré tous ses intérêts et ceux de ses enfants au bien de ce tyran, qu'on appellera l'Etat, et que l'anéantissement de la famille est d'une immoralité révoltante.

N'oublions pas non plus de leur faire observer qu'il y a bien des obstacles, auxquels ils n'ont pas songé, dans ce nouveau système qui doit, selon leurs idées, tout transformer pour le bien des masses.

Par exemple, l'égalité qu'ils plaident, serait-elle en rapport avec la production ? Tout le monde étant travailleur et ayant peu de moyens — car les richesses seraient interdites — qui achèterait les objets d'art et de luxe, tels que l'argenterie, les bijoux, les dentelles, les tableaux, les beaux livres, les voitures, les chevaux et mille autres choses qu'achète le riche seulement ?

On s'en passerait, diront nos opposants. Mais comment donc, puisque dans l'actualité on se plaint qu'il n'y a pas assez de travaux pour le peuple ? Loin de diminuer les sources du travail il faudrait les augmenter, car tous travailleraient pour vivre. Et qui voudrait être serviteur sous cette égalité de conditions? Et comment se passerait-on dans l'industrie de la discipline et de l'ordre si nécessaires à la réussite d'une entreprise quelconque? Y en aurait-il entre égaux? De plus, toutes les richesses appartenant à l'Etat, ce monopolisateur colossal en ferait-il un meilleur usage que le capitaliste de nos jours? Et finalement, les uns ne travailleraient-ils pas plus et mieux que les autres; et la terre même ne serait-elle pas, comme toujours, plus ou moins productive selon la qualité du terrain ou selon la manière de la cultiver? Où serait alors cette égalité parfaite?

Combattons donc par une propagande de paix ces dangereuses théories. Mais, tout en combattant ce qu'il y a de nuisible dans le socialisme, acceptons ce qu'il contient de bon, d'excellent même; par exemple, comme il a été dit, la Paix Perpétuelle, l'extinction des impôts pour le pauvre, la suppression de la misère, et d'autres bonnes mesures. Faisons voir au peuple qu'à force d'une stricte économie politique et sociale on parviendra à remédier au chômage, que l'égoïsme révoltant du mauvais riche nous est aussi odieux qu'à lui-même, qu'on ne mourra plus de faim, par conséquent qu'il n'y aura plus de désespérés par manque du nécessaire.

— Mais, diront les gouvernants et les ultra conservateurs et rétrogrades, il y a des parlements pour discuter tout affaire politique et sociale.

— C'est vrai; toutefois, la preuve évidente de la nécessité absolue de ces séances partout est, que les chefs socialistes font bien plus pour leur parti à leurs meetings qu'ils ne font au Parlement.

Le monde marche. Les travailleurs ont des idées avancées. Ils s'occupent tous, plus ou moins, de politique, de sociologie, et un grand nombre même, de conspirations et de révoltes ; par conséquent, les mesures indispensables pour la réforme des abus et toutes les questions humanitaires, devenues si importantes et qui les concernent de si près, ont besoin d'être traitées en leur présence. Or, ces questions, (qui représentent le bon côté du socialisme, car n'oublions pas qu'il existe, ce bon côté), nécessitent une grande publicité, non seulement pour faire bien connaître que nous les approuvons, mais pour tâcher de parvenir à les faire accepter dans les parlements du monde entier et arriver ainsi à la pacification de la société.

Qu'on se mette donc à l'œuvre et nous ne tarderons pas à voir un changement salutaire dans les idées sociales de tous les peuples, et cette rage de révolte sera anéantie par la réorganisation de l'Ordre du Système Social. Alors, et alors seulement on franchira la barrière qui nous sépare de la Paix.

Et ne serait-ce pas un bonheur pour nous tous que la fin de cette terrible lutte des classes, cette lutte qui fait de notre siècle une époque de décadence universelle, qui menace d'aboutir à la barbarie et au néant ?

Etablissons donc cette ligue internationale, afin d'arriver à la suppression de la misère, par conséquent à la Solution du Problème Social, à la Fraternité des Peuples et à l'heureux établissement de la Paix Perpétuelle.

FIN

TABLE DES MATIÈRES

DEUXIÈME PARTIE

PETITE IMPRIMERIE VENDÉENNE. — LA ROCHE-SUR-YON.